W0058095

Andrea Fux / Monika Thumm

MEINST DU MICH, GOTT?

„... Dabei rate ich Ihnen: Hören Sie auf die innere Stimme; seien Sie bestrebt, mehr von innen heraus die Stimme Gottes als von aussen die Stimme eines Menschen zu vernehmen."

Aus einem Brief von Bernhard von Clairvaux (1090-1153) an seinen Mitbruder, Papst Eugen III.

Andrea Fux / Monika Thumm

Meinst du mich, Gott?

Frauen auf dem Weg ins Ordensleben

HERDER

FREIBURG · BASEL · WIEN

© Verlag Herder GmbH, Freiburg im Breisgau 2023
Alle Rechte vorbehalten
www.herder.de

Die Bibeltexte sind entnommen aus:
Einheitsübersetzung der Heiligen Schrift © 2016 Katholische Bibelanstalt GmbH,
Stuttgart. Alle Rechte vorbehalten.

Die Texte in Kapitel 3, Freundschaft mit Jesus und Taufe als Fundament, sowie
Kapitel 9.1, Biblische Texte für Dich, erschienen zuerst im folgenden Buch:
Thomas Fässler/Philipp Steiner, Himmelsstürmer. Berufungsguide zum Ordens-
leben, Verlag Herder 2021.

Wir danken dem S. Fischer Verlag für die Abdruckgenehmigung von
„Noch bist du da" (S. 25) von Rose Ausländer: Ausländer, Rose / Herausgegeben
von Braun, Helmut; Gesammelte Werke, Ich höre das Herz des Oleanders © 1984,
S. Fischer Verlag GmbH, Frankfurt am Main

Satz: ZeroSoft SRL
Druck: GGP Media GmbH, Pößneck

Printed in Germany

ISBN Print 978-3-451-39314-3
ISBN E-Book 978-3-451-82979-6

Inhalt

Vorwort von Sabine Rüthemann

Frauen auf dem Weg ins Ordensleben – als ich angefragt wurde, ein Vorwort für dieses Buch zu schreiben, war ich begeistert und habe gerne zugesagt. Aber es kam mir auch die Frage, was mich dazu befähigt, suchende Frauen zu motivieren und einzuladen, sich mit diesem Buch auf den Weg zu machen. Ich habe keine eigenen Erfahrungen im Ordensleben und war auch nie auf dem Weg dahin. Aber beruflich habe ich viele Kontakte zu Frauenklöstern, deren Engagement, deren Verbindlichkeit und Ausstrahlung mich immer wieder beeindrucken. So habe ich mich entschieden, meinen Außenblick auf das Klosterleben zu werfen.

Im Dorf meiner Kindheit erlebte ich Kapuzinerinnen. Meine erste Erinnerung an sie ist ein „leises Schaudern" vor der gestaltlosen Stimme hinter der „Holztrülli". Die unsichtbare Schwester nahm eine Bestellung auf, darauf erschienen wundersamerweise nach einer leichten Drehung der Holztrülli Hustensaft und ein süßes Nonnenchräpfli. Sehr selten sah man die Schwestern im Dorf. Aber wir wussten, dass die Kapuzinerinnen Tag und Nacht für Mensch und Tier im Tal beteten und dass die Schwestern für viele Rat und Hilfe hatten. Es war ein Grundgefühl, dass da oben auf dem Klosterhügel etwas Positives verlässlich für uns da war. Und doch schwang auch der Gedanke mit: Die Schwestern sind arm und eingesperrt hinter diesen hohen, weißen Mauern und opfern sich für andere auf. „Warum um Himmels willen geht jemand ins Kloster?", fragte ich mich damals.

Heute hat sich mein Blick auf diese Frage längst deutlich geweitet. Einfach zu beantworten ist sie immer noch nicht. Grundsätzlich sind alle Menschen von Gott in die Welt gesandt, dazu berufen, an ihrem Ort und in ihrer Form das Evangelium zu leben, daran glaube ich als Christin. Aber was heißt das konkret? Was ist der Sinn meines Lebens, wo ist mein Ort und welche Form stimmt für mich? Wie kann ich mich bei den heutigen Zukunftsperspektiven entscheiden, eine Familie zu gründen? Oder wie tönt es, wenn Gott einen Menschen auf den Weg mit ihm ins Kloster ruft? Ein Leben für und mit anderen – wie kann ich da glücklich sein? Sinnfindung ist mehr als ein Trendwort unserer Zeit. Wir leben unser Leben und brauchen besonderen Mut und ein Stück Risikobereitschaft, wenn wir an Wegkreuzungen unseres Lebens ankommen, einen Schritt weiterzugehen, anstatt im Gewohnten zu bleiben. Ein definitiv sehr großer Schritt, eine weitreichende Entscheidung, ist der Eintritt in eine Ordensgemeinschaft.

Mein Lebensentwurf liegt in meiner Partnerschaft und in meinem kirchlichen Beruf, trotzdem habe ich die verschiedenen Kapitel dieses Buches mit wachem Interesse, berührt und beeindruckt gelesen. Seltener als früher, aber auch heute noch, fragen sich Menschen, ob sie für ein Ordensleben berufen und geeignet sind. Das vorliegende Buch wird für diese Frauen bei der langen, herausfordernden Entscheidungsfindung eine gute Begleitung sein. Tragend und ermutigend ist das christliche Fundament, auf dem eine Ordensberufung aufgebaut wird. Offen und ehrlich zeigen die Autorinnen aber gleichzeitig auf, dass es eigene innere Widerstände zu überwinden gibt, dass Familie, Freundinnen und Freunde mit Unverständnis reagieren können. Das ist verständlich, denn was können heutige Menschen beispielsweise anfangen mit den Evangelischen Räten Armut, Gehorsam und Ehelosigkeit? Nichts – oder viel, wenn ehrliches und vorurteilsloses Interesse Grundlage für die Auseinandersetzung ist! So können Impulse und Stichworte im Buch auch für Angehörige von (angehenden) Ordensleuten eine hilfreiche Unterstützung sein.

Ich möchte keine Inhalte wiederholen oder Kapitel aufzählen, sondern ein Stichwort aufgreifen, das mich in Begegnungen mit Ordensfrauen immer wieder angesprochen und nicht selten tief berührt hat: Freiheit.

Im Laufe meines Lebens hatte ich viele Begegnungen mit Ordensfrauen, die im persönlichen Erleben keine Armut und Enge verbreiteten, sondern großen Reichtum und innere Freiheit ausstrahlten; die fröhlich und glücklich wirkten – fest verankert im Hier und Jetzt, aber gleichzeitig offen für die Mysterien Gottes. Oft spürte ich in Gesprächen mit ihnen, dass der anfangs vielleicht noch leise Ruf des Herrn nicht als Einmischung Gottes in die persönliche Freiheit erlebt wurde. Dem Entscheid ging zwar meist ein Ringen, Zweifeln, manchmal auch Verzweiflung voraus, getroffen wurde er aber in großer persönlicher Freiheit: „Berufen in die Freiheit der Kinder Gottes" (vgl. Römer Kapitel 8). Diese innere Freiheit geht einher mit der radikalen Absage an jeden eigenen Besitz – ein Faktum, das für viele Menschen unverständlich, aber auch in der säkularen Gesellschaft in der Lebensweise des Minimalismus (bis hin zum Frugalismus) bekannt ist. Die gemeinsame Erfahrung ist hier, dass das Leben mit leichtem Gepäck zur Freiheit führt. Je mehr Ballast ich abwerfen kann, umso mehr Raum schaffe ich in mir, auch für die Fragen der Menschen außerhalb meines direkten Umfeldes offen zu sein. Bischof Markus Büchel bezeichnet die Klöster in unserem Bistum als „Leuchttürme der Seelsorge", so fasst er ihr Wirken nach außen mit einem sehr stimmigen Bild zusammen. Die Seelsorge der Ordensfrauen geschieht dabei oft im Stillen und ohne lauten Beifall: Genau das macht sie so wertvoll und unverzichtbar.

Wie in allen Lebensformen gibt es Höhen und Tiefen. Das verschweigen die Autorinnen nicht, aber sie ermutigen Frauen, sich auf den Weg zu machen und sich vorurteilslos mit ihrer eigenen Berufung auseinanderzusetzen, auf den Ruf Gottes zu vertrauen und sich frei für einen nächsten Schritt mit ihm und näher zu ihm zu entscheiden.

Ich wünsche mir, dass dieses Buch mit spirituellen Impulsen, Fakten und Lebenszeugnissen viele suchende Frauen erreicht und sie sich mit seiner Hilfe dem Ruf Gottes stellen können. Den Autorinnen danke ich an dieser Stelle ganz herzlich für ihre Initiative.

Sabine Rüthemann ist Kommunikationsbeauftragte im Bistum St. Gallen, Schweiz.

VORWORT VON P. THOMAS FÄSSLER
UND P. PHILIPP STEINER

Als Christen dürfen wir darauf vertrauen, dass keine Situation gottlos ist. Schließlich hat uns Jesus Christus selbst versprochen: „Ich bin mit euch alle Tage bis zum Ende der Welt" (Matthäus 28,20). Spätestens im Nachhinein können gerade herausfordernde Krisenzeiten, in denen wir so richtig durchgeschüttelt werden, besondere Gnadenzeiten sein, in denen Gott am Werk war – nicht um uns zu plagen, sondern um uns weiterzubringen. Denn Reifen und Wachsen ist nicht immer einfach. Vielmehr muss man in diesem Prozess oft umdenken, loslassen, umkehren.

Wir erleben zurzeit Krisen, wie wir sie als Gesellschaft schon lange nicht mehr erlebt haben. Da war etwa die COVID-Pandemie, die für uns alle eine einschneidende Erfahrung war. Ebenfalls aufgeschreckt hat uns ein neuer Krieg in relativer Nähe, der wirtschaftliche Herausforderungen mit sich bringen wird, deren Ausmaße wir heute noch kaum abschätzen können. Und nicht zu vergessen die ökologische Krise, die uns schon länger bedrängt. Alle drei Krisen sind fundamental, treffen sie doch wichtige Lebensbereiche. Und sie zeigen uns deutlich, dass wir an Grenzen kommen. Ihre Botschaft ist klar: So, wie wir bislang gelebt haben, kann es offensichtlich nicht weitergehen. Wir betreiben Raubbau an uns, unseren Mitmenschen und an der Natur. Es braucht ein Umdenken, neue Lösungen.

Die Krisen fordern nicht nur die Gesellschaft, ja die Weltgemeinschaft als Ganze heraus, sondern auch jede und jeden von uns ganz persönlich. Haben wir vielleicht noch vor wenigen Jahren eher gedankenlos dahingelebt, in der Meinung, dass es wohl auf immer so weitergeht, immer aufwärts, immer besser – so werden wir nun zu Antworten und Entscheidungen herausgefordert: „Wie soll es mit mir weitergehen?", „Wie will ich eigentlich leben?", „Was gibt meinem Leben Sinn?", „Worauf will ich bauen?", „Ja, wer bin ich eigentlich?". Und plötzlich drängen sich mir auch die großen Fragen der Menschheit auf: „Woher komme ich eigentlich?", „Wieso bin ich hier?" und „Wohin gehe ich?" Diese Fragen fordern uns existenziell heraus. Sie prägen unser Leben, die Art und Weise, wie wir leben. Weil sie uns zu Entscheidungen führen.

Seit Jahrhunderten, ja seit Jahrtausenden finden Menschen in einem Leben mit Gott Antworten auf diese Fragen. Dabei stellten einige von ihnen Gott und die Suche nach ihm gar ganz in den Mittelpunkt ihres Lebens. Dieses Buch wendet sich an Frauen, die sich überlegen, ob auch sie zu einem solchen Leben gerufen sind: „Meinst du mich, Gott?" Dieser Titel macht deutlich: Es ist ein Buch, das zu einem Dialog einlädt – mit Gott, aber auch mit anderen Menschen. Denn Entscheidungen zu treffen, ist ja nicht einfach. So sind andere Menschen, an die man sich wenden kann und die einem als Vorbilder dienen, willkommene Wegbegleiter und Hilfen.

Wir freuen uns, dass nach unserem Buch „Himmelsstürmer" (Herder 2021), einem Berufungsguide für Männer, nun auch ein Buch explizit für Frauen vorliegt. Denn die fundamentalen Fragen, welche die eingangs erwähnten Krisen aufwerfen, müssen gut begleitet sein, damit tragfähige Antworten gefunden werden. Dass dies nicht immer der Fall ist, zeigt die Tatsache, dass viele Menschen Orientierungslosigkeit und ein Gefühl von Sinnlosigkeit beschleicht. Das verwirrt und macht unruhig. Menschen, die Halt und festen Stand gefunden haben, kommt deshalb eine besondere Rolle zu. Nicht selten werden deshalb Ordensleute als Zeuginnen und Zeugen des Lebens bezeichnet, als Leuchten, die den Weg zu Antworten weisen, die in Jesus Christus ein konkretes Gesicht haben. Solche Menschen braucht es. Frauen und Männer, die hinstehen und voller Überzeugung sagen: Es gibt einen Sinn, allem gegenteiligen Anschein zum Trotz. Nichts ist sinnlos. Denn keine Situation ist gottlos. Schließlich ist Gott mit uns, alle Tage, bis zum Ende der Welt.

Wir hoffen, dass sich viele Frauen von den in diesem Buch enthaltenen Gedanken und Zeugnissen berühren lassen und in ihrem Herzen spüren dürfen: „Ja, Gott meint mich!"

Pater Thomas Fässler und Pater Philipp Steiner sind seit 2006 bzw. 2007 Benediktinermönche im Kloster Einsiedeln in der Schweiz und die Autoren des Pendants für Männer „Himmelsstürmer", erschienen 2021.

I

Einleitung: Warum ein Buch für Frauen schreiben?

„Was erwartet mich, wenn ich mich für ein Leben im Kloster, in einer christlichen Ordensgemeinschaft entscheide?"

Wir leben in einer Zeit der vielfältigen Möglichkeiten. Viele Grenzen und Beschränkungen der letzten Jahrhunderte haben sich aufgelöst. Eine Entscheidung treffen zu können, was ich mit meinem Leben anfangen möchte und wo es mich mit ganzem Herzen hinzieht, ist umso schwieriger geworden. Dies alles gilt für Männer, aber insbesondere auch für Frauen. Innerhalb der letzten Jahrzehnte haben sich Frauen ihr Recht erkämpft, selbstbestimmt und weitestgehend gleichberechtigt ihr Leben gestalten zu können. Traditionelle Rollenbilder verschmelzen immer mehr mit neuen Lebensentwürfen. Frauen bilden sich weiter, studieren, machen Karriere, bekommen Kinder, reisen ... – oder eben nichts von all dem. Die wirtschaftliche Freiheit ist längst nicht mehr an eine Bindung zu einem Mann oder an einen definierten Ort gekoppelt. Damit kann im besten Sinne eine Freiheit des Geistes wachsen und Platz geschaffen werden, um seinem inneren Bedürfnis zu folgen, vielleicht sogar die eigene Berufung wahrzunehmen. Zugleich wächst die Verantwortung, eine Entscheidung zu treffen.

Frauen, die sich heute mit dem Thema beschäftigen, ins Kloster einzutreten, müssen sich oftmals in vielfacher Hinsicht auch nach außen rechtfertigen. Gerade weil sie oft gut ausgebildet sind und ein

Leben voller Chancen vor sich haben: Wieso in ein Kloster gehen, wo es so viele andere Möglichkeiten der Lebensgestaltung gibt? Diese persönliche Entscheidung kann keiner Frau abgenommen werden; auch nicht das Ringen um dieselbe. Das vorliegende Buch versteht sich als Hilfestellung, eine Entscheidung treffen zu können. Letzten Endes steht nicht im Mittelpunkt, ob man respektive frau sich für ein Leben im Kloster entschieden hat, sondern ob es die richtige persönliche Entscheidung war. Erfüllung findet nur, wer sein Leben selbstbestimmt und selbstbewusst führen kann. Auferlegte Entscheidungen behindern ein Leben in innerer Freiheit.

In den Gesprächen und Kontakten mit Frauen, die sich bereits für ein Leben im Kloster entschieden haben, hat sich herauskristallisiert, dass es für die meisten ein Weg war, den zu gehen sie allein bewältigen mussten. Manche verspürten in früher Jugend „ein Ziehen", hörten den Ruf. Andere führten ein Leben fernab von klösterlichen Regeln und Vorstellungen, bevor sie überhaupt in Kontakt mit der Idee kamen, ihr Leben in einer religiösen Gemeinschaft zu führen. Über ähnliche Erfahrungen berichten auch Männer, die den Weg ins Klosterleben gegangen sind. Was unterscheidet also den weiblichen Berufungsweg vom männlichen? Und was ist gleich oder zumindest ähnlich? Die Freundschaft mit Jesus und die Taufe als Fundament jeder Berufung bilden die Basis, welche für Frauen und Männer gilt. Auf dieser Basis können Fragen wachsen, in welcher Form ich meine persönliche Berufung als Christin und Christ leben möchte – und ob mich Gott in eine Ordensgemeinschaft ruft. Deshalb war von Beginn an klar, das Buch in Abstimmung mit dem „Himmelsstürmer"-Buch gestalten, welches sich explizit an Männer richtet. Die Texte im Kapitel 3 sowie die Meditationen zu Bibeltexten im Kapitel 9 durften wir aus dem Buch „Himmelsstürmer" übernehmen. Mit Thomas Fässler, Philipp Steiner und ihrer Gemeinschaft verbindet uns einiges: der Jakobsweg, die Jugendbildung und auch viele Begegnungen bei uns am See oder im Kloster Einsiedeln.

Andererseits, wenn wir als Frauen den Blick auf Selbst- und Sinnfindung werfen, wollen wir besonders auf die spezifisch weiblichen Aspekte aufmerksam machen. Außerdem zeigen wir die weiblichen Ordensgemeinschaften im deutschsprachigen Raum auf, sowie das Leben in einer Frauengemeinschaft. In unseren FAQs lenken wir den Fokus bewusst auch auf Themen, welche Frauen besonders interessieren könnten.

Wir haben „Meinst du mich, Gott?" im Team geschrieben. Dieses besteht aus zwei erfahrenen Ordensfrauen und einer langjährigen Klostermitarbeiterin. Wenn die Familienmutter und Diplom-Pädagogin Daniela Scherrer nicht am Schreiben unseres Klosternewsletters ist, engagiert sie sich mit ihrem großen Erfahrungsschatz unter anderem in unserem Angebot „Auszeit für junge Menschen". Die Teilnehmenden unseres klösterlichen Angebotes öffnen unsere Augen und Herzen für das Leben außerhalb unseres Klosters. Diesen Blick wollten wir ins Buch einfließen lassen. Dank dieses Angebotes begegnen wir Menschen, die manchmal ob der vielen Gestaltungsmöglichkeiten ihres Lebens die Orientierung verloren haben. Sie hoffen, dass die Nähe zum klösterlichen Leben und Glauben hilft, diese zurückzugewinnen. Bei manchen sind Parallelen zu finden zu denen, die auf der Suche nach einer Glaubensgemeinschaft sind: die Hoffnung, anzukommen und das eigene Leben sinnerfüllt gestalten zu können.

Mit unserem Buch laden wir die Leserinnen und Leser herzlich ein, sehr persönlichen Fragen auf den Grund zu gehen. Ist ein Leben in einer klösterlichen Gemeinschaft das richtige für mich? Wie lebe ich mein Frausein im Kloster? Welche Facetten christlichen Lebens leuchten in einer Ordensgemeinschaft besonders auf? Auf wessen Ruf antworte ich? Wie bringe ich mein ganz persönliches Charisma, meine vielseitigen Ausbildungen, meine Lebenserfahrungen in ein Leben im Kloster ein? Was hilft mir, mich fürs Ordensleben zu entscheiden? Was werde ich darin finden, was nicht? Wie sehen die konkreten Schritte aus, wenn ich mich fürs Ordensleben interessiere?

Kurze Impulse von Äbtissin Monika Thumm regen an, ungewohnte Gedankengänge aufzunehmen, frischen Wind in alte Klischees zu bringen und – geisterfüllt und mutig – neue Weichen zu stellen.

Die 77 Fragen, welche von uns beantwortet werden, stammen aus Begegnungen mit Gästen, Klosterschnupperinnen, Jugendlichen und persönlichen Kontakten. Durch die unmittelbare und lockere Art der Antworten erhalten die Leserinnen neue Einblicke ins oft unbekannte Ordensleben. Sowieso haben wir bewusst eine Sprache gewählt, die auch von Leserinnen verstanden werden kann, die bisher keinen oder nur wenig Kontakt zu religiösen oder gar theologischen Themen hatten. Unser Buch ist also kein theologisches Werk. Es kann Impulse geben, es kann bei der Entscheidungsfindung unterstützen, es kann dir helfen, deinen Weg zu finden. Wir möchten dich persönlich und direkt ansprechen.

„Meinst Du mich, Gott?" erhebt keinen Anspruch auf Vollständigkeit, es ist kein Sachbuch zum Thema „Berufung". Es ist ein Werk, das sich in verschiedene Fragestellungen rund ums Ordensleben vertieft und durch persönliche Erfahrungen zum Nachdenken übers eigene Leben animiert. „Meinst du mich, Gott?" kann als Ganzes gelesen werden. Für die schnelle Leserin ist es jedoch auch möglich, einzelne Kapitel oder Impulse zu lesen. Als Leserin darf ich mich intuitiv vom Inhaltsverzeichnis leiten und zu dem führen lassen, was mich besonders anspricht. Wir empfehlen dir: Nimm dir Zeit – besonders beim Lesen der Impulse. Vielleicht kannst du dich an einen Ort zurückziehen, der es dir leichter macht, deinen Gedanken und Gefühlen freien Lauf zu lassen. Die direkte Ansprache erleichtert einen Dialog mit dir und deinem Innern. Gib dir auch Zeit, eine Antwort zu finden, falls du auf der Suche nach einer solchen bist. Du darfst darauf vertrauen, dass die Frage „Meinst du mich, Gott?" nicht unbeantwortet bleiben wird.

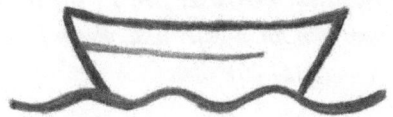

ERSTER IMPULS: WIE RUFT GOTT MENSCHEN? DAMALS – HEUTE?

Ich und ins Kloster? Du lachst. Da braucht es andere Voraussetzungen! Vielleicht schaust du auf eine schwierige Vergangenheit zurück, vielleicht hast du dich in den letzten Jahren von der Kirche entfernt. Zugleich nimmst du wahr, dass dich Klöster und Ordensleute immer wieder faszinieren. Dass sie in dir etwas anrühren. Und doch: Ich …?

Es kann geschehen, dass Gott unvermittelt in das Leben eines Menschen tritt und ihn wissen lässt: Dich brauche ich! Die Bibel und die Wirklichkeit zeigen uns, dass sein Ruf und seine Wahl über unsere menschliche Logik hinausgehen. Oft wurden gerade die gerufen, die weder nach eigener Einschätzung noch nach der ihrer Freunde dafür in Frage zu kommen schienen. Der große Mose war beim Ruf Gottes so erschrocken, dass er nach ein paar Einwänden kurzum sagte: „Aber bitte, Herr, schick doch einen anderen!" (Exodus 4,13) Simon und die ersten Jünger waren einfache Leute, ganz normale Fischer. Eine Begegnung mit Jesus am See veränderte alles:

Als Jesus am See von Galiläa entlangging, sah er zwei Brüder, Simon, genannt Petrus, und seinen Bruder Andreas; sie warfen gerade ihr Netz in den See, denn sie waren Fischer. Da sagte er zu ihnen: Kommt her, mir nach! Ich werde euch zu Menschenfischern machen.

Sofort ließen sie ihre Netze liegen und folgten ihm nach. Als er wei-
terging, sah er zwei andere Brüder, Jakobus, den Sohn des Zebedäus,
und seinen Bruder Johannes; sie waren mit ihrem Vater Zebedäus
im Boot und richteten ihre Netze her. Er rief sie und sogleich ver-
ließen sie das Boot und ihren Vater und folgten Jesus nach (Matthäus
4,18–22, Markus 1, 16–20).

Der Ruf Jesu traf sie offensichtlich in der Tiefe ihrer Existenz, so
dass sie augenblicklich andere Prioritäten setzten als vor dieser Begegnung und ihr Leben ganz neu ausrichteten. Was ihnen bis dahin
wichtig war, ließen sie liegen. Sie schauten nicht mehr zurück. Nur
noch nach vorn. Und sie folgten Jesus in ein Leben, das keine materiellen Sicherheiten versprach, dafür aber die Erfüllung ihrer tiefsten
Sehnsucht.

Das Neue Testament erzählt von vielen, die Jesus auf Augenhöhe
begegnen durften.

Später, in der nachösterlichen Zeit, wurde sein Ruf auf andere
Weise vermittelt: oft durch Menschen, die ihm nahestanden. Doch
immer ist es Gott, der die Initiative ergreift. Das kann im gewöhnlichen Alltag sein wie bei der oben beschriebenen Jüngerberufung. Es
kann in einer Krise sein, es kann in der Stille geschehen oder beim
Lesen der Heiligen Schrift. Auch die Begegnung mit einer christlichen Gemeinschaft kann ganz neue Fragen wachrufen. Wir sehen:
Dieses Neue kann in uns durch eine äußere Erfahrung einbrechen
oder durch einen inneren Impuls, der verunsichert oder erschüttert.

Da kommen Fragen auf wie: Wofür lebe ich eigentlich? Was
bleibt? Was trägt? Es kann sein, dass das, wofür man bisher gelebt
hat, nun schal schmeckt und den früheren Reiz verloren hat. Wohin
also? Das sind Fragen, die eine Antwort fordern.

2

SELBSTFINDUNG UND SINNFINDUNG

2.1 Selbstfindung – Wer bin ich?

„Wer bist du?" Stelle ich einem Kind diese Frage, ist die Antwort bei den meisten sicher und schnell gegeben. „Ich bin Sofia, Mark, Elva, Thomas, ... Ich bin vier, fünf, sechs Jahre alt ... ein Mädchen bzw. ein Junge und meine Eltern und Geschwister sind ... und ich spiele gern." Das eigene Sein kann in wenigen Sätzen mit wenigen Angaben erklärt werden. Bereits wenige Jahre später beginnt Unsicherheit in der Antwort mitzuschwingen. Wer bist du? „Ich bin Sofia, Mark, Elva, Thomas, ... Ich bin 13, 14, 15 Jahre alt ... ein Mädchen, vielleicht möchte ich aber lieber ein Junge sein? ... ich bin gerne mit Freunden unterwegs, aber eigentlich auch gerne allein ... ich werde immer gefragt, was ich einmal sein möchte, werden möchte, weiß die Antwort nicht. Ich bin doch jetzt auch schon jemand, oder? Und eigentlich mag ich es gerne bunt und laut, heute ist mir aber so gar nicht danach..."

Jugendliche leben den Spagat zwischen Kindheit und Erwachsenendasein. Nicht zu wissen, wer man ist und wer man sein möchte, ist Teil davon. Auf dem Weg zum Finden der Erwachsenenidentität liegen viele Stolpersteine. Sich auszuprobieren gehört dazu. Gesellschaftlich wird das Ausprobieren heute mehr toleriert denn je. Haarfarbe, Kleidung, Meinung, Geschlecht, Lebensentwurf, Glaube – kaum noch etwas, was nicht möglich ist. Der äußeren Freiheit sind kaum Grenzen gesetzt. Der gedanklichen auch nicht. Die Freiheit birgt zugleich die Gefahr, dass Verwirrung und Orientierungslosigkeit den Platz von Sicherheit und Geborgenheit einnehmen. Bei den meisten Menschen werden im Laufe des Erwachsenwerdens die Antworten wieder klarer. Es fällt wieder leichter, sich zu definieren. Zu klären, was man sein möchte, wie das eigene Leben gestaltet werden soll. Die Vernunft nimmt den Platz des Wagemuts ein. Wer etwas Glück hat, hat einen Beruf erlernt, der passt. Ist von Menschen umgeben, die ihm guttun und hat einen Platz im Leben gefunden, den es nun einzurichten und zu halten gilt. Wer mit sich und seinem Leben zufrieden ist, hat mehr Antworten als Fragen und kann im besten Sinn Erfüllung finden. Sei es im Gründen einer Familie, in der beruflichen Herausforderung, im Ausüben von Hobbies oder im Pflegen von Freundschaften. Herausfordernd wird es, wenn die Fragen überhandnehmen. Wenn wir nicht wissen, wer wir sind und wo unser Platz ist. Wenn ein Gefühl nach mehr wächst und dieses Gefühl noch nicht näher definiert werden kann. Wie finde ich dann meine Identität? Wie baue ich meine individuelle Persönlichkeit auf? Wer bin ich?

„Wer bin ich?" ist eine der zentralen Fragen, die sich Menschen seit vielen Hunderten von Jahren stellen – so zentral, dass es zahllose Publikationen und Veranstaltungen gibt, die uns der Klärung dieser Frage näherbringen sollen. Wenn immer im Mittelpunkt steht, wie *ich* aussehe, was *ich* bin, was *ich* kann, was *ich* will, wie ich wirke, wo ich hinwill, was mich erfüllt, was ich leben will – wenn ich mein Leben immer so sehr auf mich zentriere, braucht es hin und wieder auch das Andere, den Blick von innen, von mir weg, nach außen. Das Ich steht in meinem Leben im Mittelpunkt. Wer bin ich als Mensch auf dieser Welt? Ich, eine Person, die einige Jahrzehnte auf unserem blauen Planeten lebt und dem Leben Sinn geben möchte. Ich möchte wissen: Wer bin ich: Anna, Samira, Milena, Emma …? Die Antwort kann ebenso einfach wie schwierig sein: „Sei, was du bist!"

Noch bist du da

Wirf deine Angst
in die Luft

Bald
ist deine Zeit um
bald
wächst der Himmel
unter dem Gras
fallen deine Träume
ins Nirgends

Noch
duftet die Nelke
singt die Drossel
noch darfst du lieben
Worte verschenken
noch bist du da

Sei was du bist
Gib was du hast.

Rose Ausländer, geboren am 11.05.1901 in Czernowitz/Ukraine, gestorben am 03.01.1988 in Düsseldorf

Rose Ausländer, eine jüdische Dichterin, schrieb am Ende eines ihrer Gedichte die eindrücklichen Aufrufe: „Sei, was du bist. Gib, was du hast." Damit ist eigentlich alles gesagt. „Sei, was du bist." Und das intensiv, mit großem, freiem Herzen. Nur bleibt die Frage stehen: Wer bin ich? Wer bin ich wirklich? – Was hilft mir dabei, eine Antwort zu finden? – Eine Möglichkeit ist es, die Menschen in der Bibel kennenzulernen. Da ist Adam, der Ur-Mensch, und Eva, die

Ur-Frau. Sie sind vom Atem Gottes angehaucht und leben als geist-erfüllte Menschen. Dieses Bild eines Menschen, der von Gott her ge-wollt ist, den Gott besser kennt, als er sich selber kennt. Dieses Bild ist einerseits bestärkend, andererseits auch herausfordernd. Ich bin von Gott, unserem Schöpfer, in die Welt gesandt, um … ja, warum eigentlich? Diese Frage stellen sich Menschen wohl schon, solange es sie gibt. In Psalm 8 gibt es dazu eine wunderbare Stelle: „Seh ich den Himmel, das Werk deiner Finger, Mond und Sterne, die du befestigt: Was ist der Mensch, dass du an ihn denkst, des Menschen Kind, dass du dich seiner annimmst? Du hast ihn nur wenig geringer gemacht als Gott, hast ihn mit Herrlichkeit und Ehre gekrönt" (Psalm 8,4–6).

So bin ich also gekrönt, von Urbeginn an – wenn ich mit dem Psalmisten singen möchte. Die Frage an Gott: „Was ist der Mensch, dass du an ihn denkst?" ist ja die „Ur-Frage" schlechthin: Denkt Gott an uns, an mich? Hat er mich wirklich ganz persönlich in diese Welt gestellt und nimmt sich meiner an? Kümmert er sich um mich? Angesichts so vieler offener Probleme, bei mir persönlich und welt-weit, bleibt die Frage für uns oft scheinbar unbeantwortet. Doch wenn ich, wie im Psalm angeregt, über das Weltall nachsinne, dann kommen mir vielleicht neue Gedanken in den Sinn. Wenn ich sehe, dass viele Milliarden von Sternen und Galaxien seit unendlich langer Zeit existieren, dann komme ich mir klein und unbedeutend vor. Und doch gilt: Ich bin „nur wenig geringer gemacht als Gott und mit Herrlichkeit und Ehre gekrönt." Diese Zusage an mich kann tröstend und heilend wirken und mithelfen, meinen Selbstwert zu sehen. Zunächst einmal weiß ich selbst sehr wenig von mir, und es ist nur natürlich, dass Unsicherheit, Selbstzweifel und Zukunftsängste mich hin und wieder lähmen möchten. Dann aber sagt mir Gott zu, dass ich einfach SEIN darf. Ich. Unverwechselbar. Einzigartig. Mit niemandem vergleichbar. – Wie entlastend und befreiend kann dies sein, wenn ich diesem Gedanken in der Stille nachgehe, beim Herumspazieren darüber meditiere, mich beim Tagebuchschreiben dazu ausdrücke. „Sei, was du bist." Es ist gut, dass du bist. Sei du, niemand anders. Und sei gewiss: Gottes Ja an dich ist stärker als jedes Nein, das du zu hören meinst.

„Gib, was du hast." Diese zweite Aufforderung im Gedicht von Rose Ausländer führt zum zweiten Pol unseres Daseins: Vom Ich zum Du. „Erst am Du wird der Mensch zum Ich", sagte der Religionsphilosoph Martin Buber im Jahr 1923. So soll ich also dem Du geben, was ich habe. Und was habe ich? – Da sind wohl nicht meine Ausbildungen, meine Beziehungen und meine Funktionen gemeint. „Gib, was du hast." Könnte da nicht mein urpersönliches Sein gemeint sein? Mein Lachen, mein Mitgefühl, meine Liebe? Dieses „Gib, was du hast" ist zugleich auch eine Absage an alle überfordernden Gedanken. Ich muss nicht mehr sein, als ich bin, und nicht mehr geben, als ich habe. Die Pfadfinderinnen und Pfadfinder haben das Motto: „Jeden Tag eine gute Tat." Um wie viel mehr kann ich als Christin jeden Tag geben, was ich habe – ein wenig mehr Licht in diese Welt bringen, mehr Freude, mehr Hoffnung. Dies hat einen unbeschreiblich großen Wert vor Gott. Denn auch für mich gilt, was Gott zum Propheten Samuel sagt: „Gott sieht nämlich nicht auf das, worauf der Mensch sieht. Der Mensch sieht, was vor den Augen ist, der Herr aber sieht das Herz" (Samuel 16,7).

2.2 Sinnfindung – Was will ich?

„Was will ich? Was gibt meiner Lebenszeit Sinn?" Was ich will, ist eng verbunden mit der Frage, wer ich bin. Für viele Menschen mag diese Frage klar sein: „Ich möchte eine Familie gründen" oder „Ich will als Ärztin anderen Menschen helfen" oder „Ich will mich für unseren Planeten, für mehr Nachhaltigkeit engagieren". Was aber bedeutet es für mich, wenn ich diese Fragen für mich nicht klar beantworten kann?

Wir können und wollen hier der Sinnfrage in all ihren philosophischen und anderen Facetten nicht auf den Grund gehen. Wir wollen sie ganz praktisch stellen. Für unser Leben. Wenn mein Leben Sinn haben soll, dann ist der erste Schritt, dass ich danach frage. Als Christin kann ich diese Frage auch an Gott richten: „Gott, was ist der Sinn meines Lebens? Was soll ich hier auf der Welt? Wozu hast du mich erschaffen?" – Als Glaubende können wir vertrauen, dass uns Antworten geschenkt werden. Nicht sogleich, nicht so, wie wir es uns vorstellen. Oft eher im Stillen, im unspektakulären Alltag. Jesus sagt uns im Johannesevangelium: „Ich bin gekommen, damit sie das Leben haben und es in Fülle haben" (Johannes 10,10). Es geht also nicht in erster Linie darum, meinem Leben selbst Sinn zu geben oder danach zu suchen. Es geht darum, wirklich zu „leben" und „das Leben in Fülle" zu haben. Was bedeutet das für mich?

Als Christin sehe ich an Jesus Christus, wie er sich für uns das Leben in Fülle vorstellt. Er lebt uns vor, wie das Leben für andere, die Selbsthingabe, die Liebe bis zum Äußersten möglich ist. Und er zeigt uns, wie er inmitten seiner Zeit und mit den Menschen, die ihn umgeben, ein sinnerfülltes Leben gestaltet. In den Seligpreisungen hören wir, welche Menschen „glücklich" oder „selig" sind: „Selig, die arm sind vor Gott; denn ihnen gehört das Himmelreich. Selig die Trauernden ... Selig, die keine Gewalt anwenden ... Selig, die hungern und dürsten nach der Gerechtigkeit ... Selig die Barmherzigen ... Selig, die ein reines Herz haben ... Selig, die Frieden stiften ... Selig, die um der Gerechtigkeit willen verfolgt werden ... Selig seid ihr, wenn ihr um meinetwillen beschimpft und verfolgt und auf alle mögliche Weise verleumdet werdet. Freut euch und jubelt: Euer Lohn im Himmel wird groß sein. Denn so wurden schon vor euch die Propheten verfolgt" (Matthäus 5,3–12). Jede einzelne Seligpreisung ist eine Lebensaufgabe. Kann sinnstiftend und sinnerfüllend sein. Eine Aufgabe und Verantwortung, der ich mich als Christin stellen möchte. Die einzelnen kleinen Schritte auf dem Weg zählen. Denn auch die Jüngerinnen und Jünger Jesu machten oft zaghafte Schritte, manchmal zwei vor und drei zurück. Das Leben ist eine Gabe, eine Aufgabe. Jeder Mensch kann seine persönliche Erfüllung finden, wenn er diese Schritte aufrecht, bescheiden und demütig geht. Der bereits erwähnte jüdische Religionsphilosoph Martin Buber schreibt: „Alles wirkliche Leben ist Begegnung." Als Christin können wir diese Aussage über das rein Menschliche hinaus zur Begegnung mit Gott weiterführen: Wenn ich kleiner, unvollkommener, suchender Mensch dem lebendigen Gott in seiner Dreifaltigkeit als Vater, Sohn und heilige Geistkraft begegne, dann – ja, dann kann ich Großes bewirken und mein Leben „im unsagbaren Glück der Liebe Gottes laufen". So schreibt der heilige Ordensvater Benedikt sinngemäß im Prolog seiner Lebensregel. Dies gilt nicht nur für Ordenschristen, sondern sicherlich für jeden Menschen, der aus der Begegnung mit Gott lebt oder als Suchender unterwegs ist.

So einfach ist es also? Gott begegnen und dadurch ein erfülltes Leben erwerben? Was vorher in kurzen plakativen Sätzen beschrieben wurde, gilt es, im persönlichen Leben wirklich zu (er)leben. Die Frage nach dem Sinn des Lebens kann wohl kaum in einem Moment der vollkommenen Einsicht beantwortet werden. Und das Besondere an dieser Frage ist zudem: Es gibt keine objektiv richtige Antwort. Es gibt eine ganz einfache und beinahe simple Methode, sich der Sinnhaftigkeit des eigenen Lebens anzunähern. Der großen Frage: „Was gibt meinem Leben Sinn?" Besonders vor Augen sollten wir uns halten, dass jeder Mensch sich nur zu seiner persönlichen Antwort hintasten kann! Es macht – buchstäblich – keinen Sinn, wenn ich mir von außen auferlegte Ziele aneigne. Doch es gibt mir Sinn, wenn ich versuche, mich zu hinterfragen. Mich und besonders mein Tun. Das kann ganz klein und scheinbar unbedeutend beginnen. Ich kann mich abends nach einem langen Tag fragen: „War das heute ein Tag, der Sinn machte, der wichtig war für mein Leben?" Wir dürfen dabei nicht den Anspruch haben, dass jeder Tag so besonders sein kann, dass wir uns am Ende unseres Lebens daran erinnern müssten! Doch soll jeder Tag für sich gesehen wichtig gewesen sein. Das kann im ganz Kleinen sein, manchmal versteckt unter alltäglichem Ärger. Doch hoffentlich für mich am Abend sichtbar. Ein kleiner Moment, eine Entscheidung, eine Begegnung, Achtsamkeit im Umgang mit mir selbst ... Einen Schritt weiter zur Antwort auf die Frage: „Was will ich?"

Vielleicht hilft es, Abstand zu nehmen, um die Frage beantworten zu können. Abstand im guten Sinn – von meinen Wünschen, Rollen, Aufgaben. Es tut mir gut, mir eine kurze Zeit der Stille zu gönnen und mein Leben aus der Perspektive des Alls zu betrachten. Ein „Menschlein" im weiten All – von Gott gewollt – suchend, vielleicht enttäuscht, aber fragend. „Du bist mein Gott, in deiner Hand liegt mein Geschick" (Psalm 31,16). Diese Worte des Psalmisten oder eine andere Bibelstelle geben Trost, Kraft, Zuversicht. Die Erfahrung zeigt, wer die Frage nach dem Sinn des Lebens beantworten möchte, sucht oftmals die Ruhe und die Stille. Vielleicht kann eine Auszeit in einer Ordensgemeinschaft, einige Exerzitientage im Kloster oder die Ruhe einer Auszeit vom Leben auf anderen Pfaden helfen. Menschen pilgern, wandern, arbeiten auf der Alp, ziehen sich von ihrem erlebten Alltag zurück, um die Frage nach dem Sinn in ihrem Leben beantworten zu können. Den Sinn meines Lebens erkenne ich wohl leichter, wenn ich nicht im „Mittendrin" stecke, sondern durch eine wohltuende Distanz auf mein Leben herabblicke. Ich kann mir Fragen stellen wie: Was möchte ich als 80-jährige Frau von meinem Leben sagen? Wie will ich mein Leben in der Retrospektive betrachten können? Wenn du die Lebenszeugnisse in Kapitel 6 dieses Buches liest, lohnt es sich, die Sinnfrage zu stellen. Welche Fragen und Entscheidungen haben sich diese Frauen gestellt? Was ist für sie das Wesentliche in ihrem Leben? Macht ihr Leben für sie Sinn? Stellen sie sich diese Frage überhaupt, oder gehen sie ihren Lebensweg einfach so, wie sie sich berufen fühlen? Erfüllt sich ihre Sehnsucht nach einem sinnerfüllten Leben?

Zum Zeitgeist unserer Epoche gehört die Sehnsucht nach mehr: mehr Zeit für sich, für die Familie, mehr materielle Sicherheit, mehr Zufriedenheit, mehr Erfahrung, mehr Freundinnen und Freunde, mehr Möglichkeiten, sich im Beruf zu entfalten, mehr Begegnungen mit echten, frohen Christinnen und Christen usw. Und zugleich nach weniger: weniger Stress im Beruf und im Privatleben, weniger Konsum, weniger oberflächliche Beziehungen, weniger ausbeuterisches Verhalten gegenüber der Natur, weniger Besitz, weniger verplante Tage. Der Wunsch ist groß, sich auf das Wesentliche zu besinnen, damit unser Leben mehr Sinn erhält, damit wir sagen können: „Ich lebe gerne und zeige durch mein Tun und mein Sein, dass das Leben lebenswert ist." Jesus sagt uns: „Liebt einander, wie ich euch geliebt habe" (Johannes 13,34). Dieser Auftrag der Nächstenliebe bringt uns dem Sinn unseres Lebens noch näher. „Was ihr für einen meiner geringsten Brüder – oder Schwestern – getan habt, das habt ihr mir getan" (Matthäus 25,40).

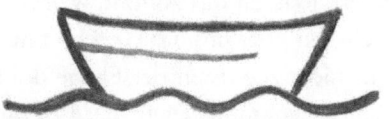

ZWEITER IMPULS: DIE VIELEN STIMMEN UND DIE EINE. BIST DU ES, GOTT?

Bei unserem Projekt «Auszeit für junge Menschen» regte eine Teilnehmerin an, Geschichten aus der Bibel kennenzulernen und zu vertiefen. Sie vermutete, dass die Gestalten dieser Geschichten auch uns Heutigen etwas zu sagen hätten. Das führte uns auf eine spannende Reise. In der Moses-Geschichte trafen wir immer wieder auf die Formulierung «Gott sprach zu Mose». Das klingt ungemein direkt und klar. So wünschten wir es uns auch. Doch die Erfahrung zeigt: Es ist nicht so. Das heißt aber nicht, dass Gott nicht zu uns sprechen würde. Wenn wir die Bibel durchstreifen, stoßen wir auf verschiedene Weisen wie Gott beim Menschen anklopft.

Oftmals geschah es im Traum. Davon erzählt sowohl das Alte als auch das Neue Testament Die Menschen der Bibel rechnen überall mit Gott; auch im Traum. Sie spüren intuitiv: Das war kein gewöhnlicher Traum. Da war Gott!

Eine Geschichte, in der Menschen unzweifelhaft dem Göttlichen begegnen, ist auch jene der beiden Jesusjünger, die nach der Hinrichtung ihres Meisters nach Emmaus aufbrachen. Niedergedrückt und völlig mutlos verlassen sie Jerusalem. Auf dem Weg begegnet ihnen ein unbekannter Wanderer. Er begleitet sie, hört ihnen zu, beginnt das Geschehene zu deuten. Nach seinem Weggehen sagen die beiden

Jünger zueinander: «Brannte nicht unser Herz in uns, als er unterwegs mit uns redete und uns den Sinn der Schriften eröffnete?» (Lukas 24,32) Es war Jesus selbst, der unerkannt zu ihrem Weggefährten geworden war. Wenn Jesus zu uns kommt, wenn Gott uns nahe ist, dann kann es geschehen, dass uns das Herz brennt. Das heißt auch: Gott begegnet uns nicht zuerst auf der Ebene des Intellektes. Gott trifft uns in unserer Personmitte. Es ist der Ort, an dem die Liebe entspringt. Und Gott ist der große Liebende.

Ein zweiter Ort der Gottes- bzw. Jesusbegegnung wird in dieser Geschichte genannt: die Schriften, d.h. die Heilige Schrift, das Wort Gottes. Auch in späterer Zeit geschah es immer wieder, dass ein Mensch beim Lesen eines Textes aus der Bibel im Innersten getroffen wurde. Dass ihm aus dem Text der lebendige Gott entgegentrat, sodass er nachher in eine andere Richtung weiterging.

Von Antonius, dem Einsiedler, wird erzählt, dass er als junger Mann eines Tages zum Gottesdienst ging, wie es seine Gewohnheit war. Dort hörte er die Worte des Evangeliums: «Wenn du vollkommen sein willst, geh, verkauf deinen Besitz und gib ihn den Armen; und du wirst einen Schatz im Himmel haben; und komm, folge mir nach!» (Matthäus 19,21) Beim Hören dieser Worte hatte Antonius den Eindruck, dass diese Schriftstelle um seinetwillen vorgelesen wurde, dass er ganz persönlich gemeint sei. Er ging sogleich aus der Kirche und verschenkte seinen Besitz an die Einwohner seines Heimatortes und zog sich in die Einsamkeit zurück.

Augustinus, der große Bischof und Kirchenlehrer konnte im Rückblick sagen: «Mit deinem Wort hast du mein Herz getroffen und ich liebte dich.» (Confessiones X. 6.8) Die alten Texte der Bibel sind immer offen für das Heute. Für mein Heute. Und sie meinen mich.

Wenn uns die göttliche Stimme erreichen soll, braucht es indes ein paar Voraussetzungen:

Hie und da einen leeren Raum, der nicht mit Aktivitäten zugepflastert ist. Räume der Stille, in denen wir aus der gewohnten Geräuschkulisse heraustreten, um in die Tiefe zu lauschen. Ein Ohr, das gelernt hat, auf leise Töne zu hören. Das ist nicht selbstverständlich, denn in unserer Welt herrscht vielerorts das Laute vor. Gott aber hat eine Vorliebe für leise Töne. Er drängt sich nicht auf, er zwingt nie. Er klopft leise an unsere Tür, er lockt, er lädt ein. Er wartet.

Kehren wir zurück zu den beiden Jüngern, die nach Emmaus wanderten. Nach ihrer Begegnung mit Jesus sind sie wie verwandelt. Sie waren aus Jerusalem weggelaufen, nun änderten sie sofort ihre Richtung, um den anderen die gute Nachricht zu bringen, dass sie dem Auferstandenen begegnet waren. Ein Ruf Jesu, ein Ruf Gottes drängt zur Antwort. Oftmals drängt diese Erfahrung, die Richtung zu ändern, die wir bisher eingeschlagen hatten. Viele haben in dieser Weise auf den göttlichen Ruf geantwortet. Vielleicht haben sie dasselbe getan wie vorher, aber unter ganz neuen Vorzeichen. Gott war in ihr Leben getreten und von nun an gehörte ihm der erste Platz. Das hatte eine radikale Neuausrichtung des Lebens zur Folge.

3

FREUNDSCHAFT MIT JESUS UND
TAUFE ALS FUNDAMENT

Dieses wichtige Kapitel dürfen wir von unserem Pendant für Männer, dem Buch „Himmelstürmer", übernehmen. Wir haben es in kurzen Passagen etwas an unsere Zielgruppe, nämlich Frauen, angepasst.

Skandale, Klischees, Vorurteile: Das Ordensleben hat bei vielen Menschen – freilich nicht erst heute – keinen leichten Stand. Wahrscheinlich wirst auch du manchen von ihnen in deinem eigenen Umfeld begegnen, spätestens dann, wenn du deiner Familie, deinen Freunden und Bekannten erzählst, dass du selbst diesen Lebensentwurf ergreifen möchtest. Auf einige konkrete Einwände, die dir dabei möglichweise vorgebracht werden, gehen wir in Kapitel 4 etwas näher ein. Hier aber geht es vor allem darum, das Ordensleben unter zwei grundsätzlichen Aspekten etwas genauer zu betrachten, um dir Möglichkeiten aufzuzeigen, wie du deine eigene Sehnsucht nach einem Leben als Ordensfrau deinem Umfeld verständlicher machen kannst: als Ausdruck der Freundschaft mit Jesus Christus und als Konkretisierung der allgemeinen Taufberufung.

Auch du kannst entscheidend davon profitieren, nochmals grundlegend über die Idee des Ordenslebens nachzudenken, indem du anderen gegenüber deine Liebe zu Jesus Christus in Worte zu fassen hast. Anfragen von außen sind so in doppelter Hinsicht heilsam:

Indem sie uns einerseits bei unserem Tun und Reden einen Spiegel hinhalten und uns andererseits bewusst werden lassen, worum es beim Ordensleben eigentlich geht. Selbst Orden als ganze haben durch kritische Blicke von außen in den vergangenen Jahrhunderten immer wieder viel gewonnen, indem sie zu Reformen herausgefordert wurden, die ihre Treue zu ihren Ursprüngen neu aufleben ließen – ein Prozess, der freilich nicht immer einfach war.

3.1 Die Freundschaft mit Jesus im Zentrum

Bei Beschreibungen einzelner Orden geht es bald um spezifische Charismen sowie charakteristische Aufgaben, welche ihre Mitglieder übernehmen. Zumindest von außen werden sie so nicht selten in erster Linie über ihr Tun definiert und weniger über ihr Sein. Damit dringt auch hier das Wesen der modernen Welt mit ihrem ausgeprägten Leistungs- und Profitdenken durch. Dabei wird bedauerlicherweise verkannt, dass es im Ordensleben in erster Linie eben um ein Sein geht, um ein Geliebt-Sein, um das Geliebt-Sein von Jesus Christus, wobei der Eintritt in einen Orden eine Antwort darauf ist, ein Ja zur Freundschaft mit ihm.

Die historische Person Jesus von Nazareth, welche die Kirche in die Mitte ihrer Verkündigung stellt und von der sie sich zu den Menschen gesandt weiß, genießt selbst bei vielen eine hohe Anerkennung, die von der Kirche wenig wissen wollen. Christliche Werte wie Rücksichtnahme, Nächstenliebe, Einsatz für die Armen und Schwachen oder nachhaltiger Umgang mit der Schöpfung werden hochgehalten, auch wenn viele getaufte Christinnen und Christen der Kirche als Institution schon längst den Rücken gekehrt haben. „Jesus ja, Kirche nein" lautet ihr Slogan, ist für sie doch Letztere oftmals nur ein aufgeblasenes Menschenwerk heuchlerischer Hochstapler, welche die Botschaft Jesu bis zur Unkenntlichkeit verfremden.

Die Hochschätzung der Person und Botschaft Jesu ist für Gespräche und Diskussionen eine gute Ausgangslage und verweist auf einen wichtigen Aspekt des Ordenslebens. Denn als Ordensfrau – ob in einem kontemplativen oder in einem aktiven Orden – nimmt man am Leben und an der Botschaft Jesu Maß. Christus ist das Vorbild der Ordensleute, dem sie in ihrem Tun und Lassen, in ihrem Sprechen und Denken immer ähnlicher werden möchten. Sie sind von Jesus in seine Nachfolge gerufen, sodass er ihnen auch ihren Lebensstil vorgibt. In den Evangelien lesen wir – wie wir bereits gesehen haben – an mehreren Stellen, wie er immer wieder Menschen aufruft: „Folge mir nach!" Einige solcher biblischen Berufungsgeschichten kannst du in Kapitel 9 nachlesen und darüber nachsinnen. Freilich müssen wir seinen Ruf zur Nachfolge nicht nur in der Vergangenheit suchen. Vielmehr ruft Jesus auch heute! Dies ist entscheidend für das Verständnis des Ordenslebens. Denn nur von Jesu Ruf her wird das Wesen des geweihten Lebens verständlich und nachvollziehbar. In Kapitel 4 wirst du von den Gelübden der Armut, des Gehorsams und der Keuschheit lesen (auch die „Evangelischen Räte" genannt). Hier sollen sie nun explizit in Beziehung zu Jesus gebracht werden, um sie von ihrem Bezug auf ihn und sein Leben her zu sehen. So werden sie konkret und ergeben – hoffentlich – auch für kritische Zeitgenossen Sinn. Betrachtet man nämlich die drei klassischen Gelübde losgelöst davon – und das tun jene häufig, die dem Ordensleben kritisch gegenüberstehen –, dominiert der ausschließliche Aspekt des Verzichts. Die Gelübde scheinen so das Leben nicht zu fördern, sondern es vielmehr zu behindern und einzuschränken. Die Evangelischen Räte können als dreifache Offenheit gedeutet werden: das Gelübde der Armut als „Gelübde der offenen Hände", das des Gehorsams als „Gelübde der offenen Ohren", das der Keuschheit als „Gelübde des offenen Herzens". Wie ist das konkret zu verstehen?

Beginnen wir mit der Armut: Das Leben in persönlicher Anspruchslosigkeit und Gütergemeinschaft in der Nachfolge Jesu macht es möglich, im „Gelübde der offenen Hände" Gott unsere eigenen leeren Hände hinzuhalten, um sie von ihm füllen zu lassen. Gleichzeitig können wir unsere Hände, wenn sie sich nicht an Besitz klammern, auch anderen Menschen hilfsbereit entgegenhalten. Jesus selbst hat einen einfachen Lebensstil gepflegt und mit seinen Jüngern eine gemeinsame Kasse gehabt. Er wusste um die Gefahr, die der Reichtum für das Herz des Menschen darstellt. So sagte er einmal zu seinen Jüngerinnen und Jüngern: „Ein Reicher wird nur schwer in das Himmelsreich kommen." (Matthäus 19,23). Ordensleute sind also nicht nur solidarisch mit dem armen Jesus, sondern auch mit den Armen unserer Zeit.

In einer Gesellschaft, in der jeder genau zu wissen meint, was das Beste für ihn sei, stellt das zweite Gelübde, jenes des Gehorsams, eine große Herausforderung dar. Gehorchen hat mit Hinhören zu tun. Auch hier können wir uns ein Beispiel an Jesus nehmen. Denn auch er hat genau hingehört. So ist auch sein Wort zu verstehen: „Denn ich bin nicht vom Himmel herabgekommen, um meinen Willen zu tun, sondern den Willen dessen, der mich gesandt hat. (Johannes 6,38). Wenn wir in der Nachfolge Jesu versuchen, den Gehorsam als „Gelübde der offenen Ohren" zu verstehen, bleiben wir offen für den Willen Gottes, der sich auch in unserem Leben verwirklichen will. Dabei hat Gott für uns Pläne des Heils, nicht des Unheils. Darauf vertrauen wir, auch wenn es in manchen Momenten nicht einfach ist.

Die Keuschheit als „Gelübde des offenen Herzens" bedeutet in Bezug auf Jesus zuerst einmal Verfügbarkeit. Auch Jesus hat dem Zeugnis der Evangelien gemäß ehelos gelebt. Seine Familie waren jene, „die das Wort Gottes hören und es befolgen" (Lukas 11,28). Die Ehelosigkeit führt in schwesterlicher Gemeinschaft idealerweise nicht zu Vereinsamung, wie manche zu bedenken geben, sondern zu einem solidarischen Miteinander. Auch wenn die Ordensgemeinschaft keinen Ersatz für eine Familie darstellt, kann sie in der Nachfolge Jesu zu einem Raum werden, in dem sich der Einzelne entfalten kann und angenommen wissen darf. Die frei gewählte Ehelosigkeit der Ordensleute schenkt ihnen die Freiheit, das Herz für Gott und die Menschen offen zu halten.

Wie vor zweitausend Jahren ruft Jesus auch heute dazu auf, ihm nachzufolgen, unsere Füße in seine Spuren zu lenken. Diese Nachfolge ist freilich nicht ein unpersönliches, gedankenloses Hinter-Jesus-Hertrotten. Sie ist wesentlich Beziehung, sie ist Freundschaft. Jesus hat darum kurz vor seinem Leiden zu seinen Jüngerinnen und Jüngern gesagt: „Ich nenne euch nicht mehr Knechte (…) Vielmehr habe ich Euch Freunde genannt" (Johannes 15,15). Als Ordensfrauen sind wir in den Freundeskreis Jesu gerufen. Er will unser Freund sein und uns als unser Meister lehren, wie wir Gott und die Menschen wahrhaft lieben können. Diese Einsicht scheint uns wichtig zu sein, denn sie macht deutlich, dass wir in einer Ordensgemeinschaft nicht einfach eine nette Gruppe von Freunden suchen, sondern den *einen* Freund: Jesus Christus. Und zwar suchen wir ihn als wahren Freund, als einen also, der uns nötigenfalls auch kritisch herausfordert, weil er uns weiterbringen, ans rechte Ziel führen will. Wir wollen also mehr als einen Kumpel, der uns bei allem wohlwollend auf die Schultern klopft, weit mehr als einen Buddy, der allenfalls sogar unsere Schattenseiten deckt. Mit diesem Verständnis sind auch Konflikte und Schwierigkeiten, die sich in den Beziehungen innerhalb von Ordensgemeinschaften ergeben, kein Drama, sondern eine Einladung, unsere Freundschaft mit Jesus Christus als das gemeinsame Fundament immer mehr zu vertiefen und aus ihr heraus auch unsere Beziehungen zu anderen zu gestalten. Während freilich zwischenmenschliche Beziehungen – inner- wie außerhalb einer Gemeinschaft – beidseitig mal intensiver, mal weniger intensiv gepflegt werden, ja sogar in die Brüche gehen können, zeigt sich Jesus als treuer Freund. Er verlässt und enttäuscht uns nie. Gott selbst bringt herfür aus dem Mund des Propheten Jesaja ein Bild voll anrührender Zärtlichkeit: „Kann denn eine Frau ihr Kindlein vergessen, eine Mutter ihren leiblichen Sohn? Und selbst wenn sie ihn vergessen würde: Ich vergesse dich nicht." (Jesaja 49,15). Das entspringt einer inneren

Logik, wie Paulus schreibt: „Wenn wir untreu sind, bleibt er doch treu, denn er kann sich selbst nicht verleugnen" (2. Timotheus 2,13). Wenn wir nun in dieser Freundschaft mit Christus voranschreiten, wenn auch wir uns immer treuer in diese Beziehung hineingeben, stellen wir erstaunt fest: Je enger wir mit ihm verbunden sind, desto näher sind wir auch unseren Mitmenschen. Dies lässt sich am bekannten Bild des Rades illustrieren: Wenn wir auf den Speichen, die unseren Weg zu Jesus hin symbolisieren, immer näher zum Ziel, zur Radnabe, gelangen und dies auch alle anderen um uns herum versuchen, kommen wir nicht nur dem Zentrum, sondern gleichzeitig auch einander immer näher.

3.2 Taufe als gemeinsames Fundament

Wenn wir also das Ordensleben als bewusste Nachfolge Jesu, ja sogar als Freundschaft mit ihm betrachten und die Gelübde in diesen Kontext stellen, wird dieser besondere Lebensentwurf an Strahlkraft gewinnen. Auch Menschen, die der Kirche fernstehen, sehen dann im Verzicht, den das Ordensleben mit sich bringt, einen plausiblen Mehrwert. So ist die Nähe des Ordenslebens zum Lebensstil Jesu seine beste Legitimation! Deshalb ist es wichtig, dass wir das Ordensleben nicht als etwas Abgehobenes betrachten, das besser wäre als andere Lebensentwürfe, wie etwa die Ehe oder das Singledasein. Jeder Mensch hat seine Gnadengabe, der eine so, der andere so, sagt der heilige Benedikt (Benediktsregel 40,1). So ist es auch in der Kirche. Auch wenn es verschiedene Berufungen gibt (Eheleute, Alleinstehende, Witwen, geweihte Jungfrauen, Bischöfe, Priester, Diakone, Ordensfrauen und Ordensmänner): Die Taufe ist für jede dieser Berufungen grundlegend. Und in dieser einen gemeinsamen Taufe sind wir alle gleichermaßen dazu berufen, Christus gleichförmig zu werden, welchen Weg wir auch immer dafür wählen, der für uns am zielführendsten erscheint. Die allen gemeinsame Taufe verbindet die Christinnen und Christen untereinander zum *einen* Leib Christi, der – wie es der heilige Paulus ausdrückt – die Kirche ist: „Denn wie der Leib eine Einheit ist und viele Glieder hat, alle Glieder des Leibes aber, obgleich es viele sind, einen einzigen Leib bilden: So ist es auch mit Christus. Durch den einen Geist wurden wir in der Taufe alle in einen einzigen Leib aufgenommen (…) Auch der Leib besteht nicht nur aus einem Glied, sondern aus vielen Gliedern. (…) Das Auge kann nicht zur Hand sagen: Ich bin nicht auf dich angewiesen. Der Kopf kann nicht zu den Füßen sagen: Ich brauche euch nicht." (1. Korinther 12,12 – 21) Wenn in der Vergangenheit zeitweise auch gedacht wurde, dass eine Berufung höher stehe als andere, dann war dies eine Engführung, ja eine Fehlentwicklung. Denn jede Berufung steht im Dienst des ganzen Leibes Christ. Es braucht alle. Fehlte etwas, wäre der Leib nicht vollkommen.

Die Versuchung eines eitlen Standesdenkens gab es freilich bereits in der ersten Generation der Christinnen und Christen. Wir können hier wiederum den Apostel Paulus zitieren, der dem entgegengehalten hat: „Es gibt verschiedene Gnadengaben, aber nur den einen Geist. Es gibt verschiedene Dienste, aber nur den einen Herrn." (1. Korinther 12,4–5). Auch das Ordensleben ist eine Gnadengabe. Diese ist jenen anvertraut, die der Herr in seiner Liebe dazu erwählt hat. Das Ordensleben will nichts anderes, als die Taufberufung zur vollen Entfaltung zu bringen. Das ist ein lebenslanges Unterfangen, wobei die geistliche Gemeinschaft ein fruchtbarer Boden ist, um dies zu ermöglichen.

Der Blick in die Geschichte zeigt allerdings deutlich, dass zwischen dem Ordensleben und der allgemeinen christlichen Taufberufung schon immer eine gewisse Spannung bestand. Die Apostelgeschichte, welche der Evangelist Lukas als Beschreibung des Lebens der ersten Christengeneration und der Missionsreisen des Apostels Paulus an sein Evangelium anfügte, schildert die Gemeinde von Jerusalem als Idealform der Kirche. Kurz: *Man war ein Herz und eine Seele!* Dass sich dieser Anspruch auch damals nicht immer gänzlich mit der Realität deckte, lässt sich nicht nur zwischen den Zeilen herauslesen. Deutlicher tritt dies beim Apostel Paulus in seinen Briefen an die verschiedenen Gemeinden (Rom, Korinth, Thessalonich usw.) zutage, die uns noch heute davon berichten, dass dort manches im Argen lag und der Korrektur bedurfte. Dennoch kann man sagen, dass die Christengemeinden der ersten drei Jahrhunderte glaubwürdig und authentisch den Glauben an Jesus Christus in ihrer Gemeinschaft gelebt und in ihrer Umwelt bezeugt haben. Das wirkte attraktiv, und von vielen Seiten wurde ihnen Respekt gezollt. Dies lag auch im Bemühen dieser urchristlichen Gemeinden, hatten sie sich doch mit ihrem Missionsauftrag auf dem antiken „Markt" der Weltanschauungen und Glaubenspraktiken gegen eine ganze Reihe vielfältiger Angebote zu behaupten. Taufbewerber entschieden sich demnach bewusst für das Christentum, was vor allem in Zeiten der Verfolgung einiges voraussetzte. Als dann aber das Christentum nach Jahrhunderten solcher Verfolgung und des Schattendaseins von den damals herrschenden römischen Kaisern 311/313 toleriert und gegen Ende des 4. Jahrhunderts sogar zur Staatsreligion im Römischen Reich erhoben wurde, änderte sich die Situation grundlegend: Plötzlich musste man für den christlichen Glauben keine Nachteile oder gar Folter oder Tod mehr in Kauf nehmen. Vielmehr konnte man damit – und später sogar nur noch damit! – Karriere machen. Das Christentum wurde zur Mainstreamreligion. Und genau hier beginnt die Geschichte des Mönchtums und damit des christlichen Ordenslebens. Freilich gab es bereits vor der sogenannten konstantinischen Wende Asketen und Jungfrauen, die in ihren Familien nach einem Leben christlicher Vollkommenheit strebten. Auch gab es bereits im 3. Jahrhundert Eremiten, die abseits der Zivilisation ein Leben der Entsagung führten. Doch die große Zeit des christlichen Mönchtums beginnt mit dem Wandel des Christentums von der Entscheidungsreligion zur Staatsreligion. Die unzähligen Menschen, die sich taufen ließen – teils aus Überzeugung, oftmals jedoch aus Opportunismus und aufgrund gesellschaftlichen Drucks – trugen keineswegs zur Hebung des Standards in der nun entstehenden Großkirche bei.

Vielmehr drohte das lodernde Glaubensfeuer der ersten Jahrhunderte zu flackern zu beginnen. Nun kam also die Zeit der Mönche und der Nonnen. Zuerst in den Wüstengebieten Ägyptens, Syriens und Palästinas in eremtischer Lebensweise, in der Folge aber auch zunehmend in Form von Gemeinschaften innerhalb von Klostermauern. Während für die allein lebenden Eremiten Paulus von Theben (+um 341) und Antonius der Große (+ 356) bedeutende Repräsentanten sind, haben vor allem Pachomius (+346), Basilius der Große (+379), Augustinus von Hippo sowie Benedikt von Nursia das gemeinschaftliche Leben der Mönche stark beeinflusst.

Dass sich die ersten Mönche in bewusster Distanz zum christlichen Establishment abseits der Städte und Dörfer ansiedelten, war programmatisch: Man wollte durch die räumliche Trennung signalisieren, dass man auch innerlich in Distanz zur inzwischen verweltlichten Kirche gehen wollte. Die Eremiten und Mönche der frühen Zeit sahen sich als Aussteiger um Gottes willen. Gleichwohl blieben vielfältige Beziehungen zur Gesamtkirche bestehen. So förderten bedeutende Bischöfe die monastische Bewegung massiv und betrieben dafür eine regelrechte Propaganda. Ebenso wie die Zahl dieser frühen Mönche und Nonnen (bekannt unter dem Namen „Wüstenväter" bzw. „Wüstenmütter") hochschnellte – das Konzept des zurückgezogenen Lebens in der Einsamkeit schien den Puls der Zeit zu treffen –, so groß war auch das Interesse der Gläubigen an dieser exotischen Erscheinung. Man bewunderte nicht nur die beeindruckenden asketischen Leistungen der Wüstenväter und -mütter, sondern schätzte auch deren Spiritualität und Lebensweisheit. Viele von ihnen wurden deshalb begehrte Ratgeber und so manch einer wurde – gegen seinen Willen – zum Bischof gewählt. Neben den Wüstenvätern und Wüstenmüttern, die sich außerhalb der Gesellschaft aufhielten, war es insbesondere die von Augustinus und Basilius vertretene Form des Mönchtums, welche bald auch im städtischen Kontext heimisch wurde und entsprechend ausstrahlte. Der heilige Benedikt schließlich verband in seiner Regel die bereits reichlich vorhandene monastische Tradition mit seinen eigenen Einsichten zu einer Mönchsregel, welche über Jahrhunderte das christliche Abendland prägen sollte. Als im 13. Jahrhundert die Bettelorden entstanden, begann eine Entwicklung der Differenzierung und Spezialisierung zu unzähligen Männer- und Frauenorden. Was die Frauengemeinschaften betrifft, so kannst du in Kapitel 5 einen kleinen Einblick in ihre fast unglaubliche Vielfalt gewinnen.

Auch wenn am Anfang des Mönchtums in gewisser Weise eine „Weltflucht" als Motiv bestand und diese Aspekte einer Protestbewegung gegen das etablierte Staatskirchentum aufwies: Der Kontakt zwischen Mönchtum und Gesamtkirche ist nie abgebrochen, sondern hat sich in dieser Spannung als sehr fruchtbar erweisen. Die frühen Mönche und Nonnen – und in den nachfolgenden Jahrhunderten auch die immer zahlreicher werdenden anderen Ordensgemeinschaften – haben die Christinnen und Christen in den 1700 Jahren immer wieder an den grundlegenden Auftrag eines Lebens nach dem Evangelium erinnert. Die gemeinsame und über alle Gräben und Differenzen hindurch verbindende Basis blieb dabei die gemeinsame Taufe, die alle – um nochmals auf Paulus zurückzukommen – zu einem einzigen Leib verband, alle zu einer einzigen Familie mit demselben Vater machte.

Die Ordensleute haben die Christinnen und Christen aller Jahrhunderte zudem daran erinnert, dass der christliche Glaube kein abstraktes System von Lehrsätzen über einen weit entfernt thronenden Gott ist, der kaum etwas mit unserem alltäglichen Leben zu tun hat. Sie führten mit ihrem Lebensentwurf aller Welt vor Augen, dass der Glaube vielmehr wesentlich Beziehung ist – Beziehung zu einer Person. Der Glaube ist die geistgewirkte Antwort des Menschen auf einen Ruf, auf eine persönliche Frage, die an uns alle ergeht: „Liebst du mich?" (Johannes 21,15–17). Das Leben als Ordensfrau ist dabei eine konkrete Möglichkeit, wie man auf diese Frage Jesu antworten kann, und will andere Menschen dazu ermutigen, ihre je eigene Antwort – wie sie auch aussehen mag – darauf zu geben.

4

DIE BERUFUNG ZUM ORDENSLEBEN:
WAS FASZINIERT, WAS ABHÄLT ...

4.1 Das Faszinierende

Die Berufung zum Ordensleben fasziniert und irritiert zugleich. Wenn ein Mensch den Ruf Jesu hört: „Folge mir nach!" und dies als radikale Aufforderung fürs Ordensleben versteht, eckt er oft an. Der Freundeskreis, die Familie, die Mitarbeitenden sind manchmal total überrascht. Sie haben große Vorbehalte, denken, dass dieser Mensch seine Talente vergräbt, ins Unglück läuft, den Kontakt zu ihnen abbricht. Das sind Klischeevorstellungen, die (leider immer noch) in den Köpfen herumgeistern. „Kloster" gleich Enge, Weltabgewandtheit, Verlust von Freiheit, Aufgabe seiner Persönlichkeit. Ein Mensch hört den leisen Ruf zu einem „anderen" Leben, zu einer Nachfolge Jesu, die ein anderer Weg ist, als ihn die Mehrheit der Christinnen und Christen gehen. Diese Nachfolge stößt viele Menschen vor den Kopf. Auch diejenigen, welche diesen Ruf innerlich verspüren. „Ich? Meinst du wirklich mich, Gott? Ich bin doch nicht besonders gläubig, nicht besonders begabt, nicht daran interessiert, mein bisheriges Leben hinter mir zu lassen ..." Gott kann einen „überrumpeln", total überraschen mit seinem Ruf. Eine radikale Neuorientierung meines Lebens ist gefragt. Wie antworten?

Zuerst ein kleiner Exkurs zu den ersten Christinnen und Christen. Sie zeigen auf, in welche Richtung sich eine klösterliche Gemeinschaft entwickeln sollte. – „Seht, wie sie einander lieben!" Mit diesem Satz beschreibt der antike Schriftsteller Tertullian den Zusammenhalt der ersten Christen. In der Apostelgeschichte, Kapitel 4, Vers 32 ist zu lesen: „Die Gemeinde der Gläubigen war ein Herz und eine Seele. Keiner nannte etwas von dem, was er hatte, sein Eigentum, sondern sie hatten alles gemeinsam." – Eine Klostergemeinschaft kann diese Kennzeichen haben. Und wenn ein junger Mensch eine solche Gemeinschaft erlebt, auch nur ansatzweise, und innerlich spürt, dass diese Menschen glaubwürdig leben, dann … ja, dann kann die Faszination für ein solches Leben wachsen. Eine Ordensgemeinschaft wirkt anziehend, wenn ihre Mitglieder „echt" und authentisch sind. Wie faszinierend ist es, wenn eine Schwester oder ein Mönch durch ihr Leben bezeugt, dass es ein „Mehr als alles" gibt! Wie großartig ist es, wenn eine Ordensgemeinschaft Zeugnis davon gibt, dass die Liebe in tausenden von Facetten gelebt werden kann – als totale Hingabe, in Werken der Nächstenliebe, im Dienst an den Armen –, in Gebet und Arbeit. Die Ausstrahlung vieler Gemeinschaften geht weit über den rein „sozialen" Dienst an der Gesellschaft hinaus. Ein Kloster lädt ein, über das Geheimnis des Lebens, über Gott, nachzudenken. Eine Klosterkirche bietet einen Raum der Stille für suchende Menschen. Das Engagement für eine „bessere Welt" beflügelt viele Menschen, Christinnen und Christen, aber auch Menschen, die sich als „nichtgläubig" bezeichnen. Sie setzen sich in radikaler, kreativer Art und Weise ein für Gerechtigkeit und Klimaschutz, gegen Rassismus und Folter, für Frieden, Nachhaltigkeit und den Schutz der Ärmsten. Das Gute tun, Schwachen helfen, sich selbst zugunsten einer guten Sache in den Hintergrund stellen – all dies liegt vielen Menschen am Herzen.

Der Einsatz für eine „bessere Welt" ist auch in der Nachfolge Jesu zentral. Doch nicht nur. Es geht zunächst einmal darum, mich selbst als von Gott geliebt und gerufen zu erleben. Ich bin bedingungslos geliebt. Und ich bin erlösungsbedürftig, da ich immer wieder gegen die Liebe handle – wenn ich zum Beispiel gleichgültig bin, meinen

Vorteil suche, anderen zu wenig Aufmerksamkeit schenke. Ich benötige täglich innere Kraft für meinen Weg. Wenn ich mich durch Beten oder in Gottesdiensten an der Quelle der Liebe nähre, schöpfe ich Kraft aus der Verbundenheit mit Jesus. Dann kann ich mich hingeben für andere und erfahre dadurch innere Erfüllung. Mein Leben macht Sinn.

Die Tagesstruktur des Klosterlebens hilft mir, diese Verbundenheit mit Jesus immer wieder zu stärken. Der während Jahrhunderten erprobte „Tagesrhythmus" mit Gebet, Lesung, Arbeit, Gemeinschaftsleben und Zeit zum Alleinsein tut gut. Ich bin fokussierter, verliere mich nicht in meinen Tätigkeiten, bin immer wieder bei mir selbst – und bei Gott. Wer diesen Rhythmus einige Zeit mitlebt, kann erfahren, wie dieser Rahmen nicht einengt, sondern frei macht. Ich muss mich nicht täglich neu entscheiden, mir Zeit fürs Gebet oder für mich zu nehmen, denn die Zeit dafür ist ohnehin vorgesehen. Sie ist da, geschenkt. Ich brauche sie nur zu nutzen. Faszinierend ist zudem, dass es im Ordensleben immer auch um Gemeinschaft geht. Ich bin nicht allein unterwegs. Jesus hatte bei seinem Wirken stets eine Gruppe von Männern und Frauen um sich. – Gemeinsam unterwegs sein bedeutet: Wir stehen füreinander ein. Wir hören aufeinander. Wir streiten miteinander und wir versöhnen uns. Wir engagieren uns gemeinsam. Wir tragen einander, wenn eine(r) etwas Schweres zu tragen hat. Wir trösten und ermutigen einander. Wir lieben einander – immer wieder neu. Wir lachen und feiern, wir freuen uns gemeinsam und loben Gott.

Wenn eine Frau eine tiefe Sehnsucht nach dem Ordensleben verspürt, tauchen Fragen auf: „Und meine Pläne? Was geschieht mit meinen vielen Wünschen und Wunschträumen? Mit meinem Streben nach einem eigenen Heim, unvergesslich traumhaften Ferien, Karriere im Beruf, nach einem interessanten Partner?" Allmählich verlieren diese Träume an Bedeutung. Je mehr das eine verblasst, desto schärfer werden die Konturen des neuen Lebens. Das Loslassen schmerzt nicht unaufhörlich … der gewagte Sprung in den Brunnen ist kein Fallen ins Bodenlose, er öffnet neue Horizonte. Gott macht sich bemerkbar. Im Lukasevangelium 5, 1–11, steht: Junge Männer, von Beruf Fischer, stehen am See Gennesaret und flicken ihre Netze … eine alltägliche Beschäftigung, kein Fest in der Synagoge. So macht sich Gott bemerkbar. Er braucht als Ansprechpartnerinnen und -partner keine Kirche, keinen heiligen Ort, keine heiligen Frauen und Männer.

Jesus rief und ruft auch heute Menschen. Menschen voller Lebenshunger, die ein gutes, gelingendes, erfülltes Leben erwarten. Menschen, die initiativ und ideenreich sind: Ich will, ich gehe, ich plane, ich mache … – Echte Berufung ist aber ein Ruf in die Ungewissheit. Ich bin nicht selbst die Macherin, die alles bis ins Detail plant, um ja auf die Rechnung zu kommen. Ich überlasse mich und warte auf den Auftrag, der mit Gewissheit kommt. Die Stimme in mir redet, sie rät, lädt mich ein, zeigt mir die Richtung an, in die ich gehen soll. – Soll ich für meine Berufung mein Leben auf den Kopf stellen?

Was fasziniert zum Ordensleben – am Ordensleben? Wir Menschen, die wir mit allen Sinnen die Welt erleben wollen, erleben die Faszination des Ordenslebens auch durch die Schönheit der Liturgie, den Gesang des Chorgebetes, die feierliche Prozession im Kreuzgang, die gemeinsame eucharistische Anbetung, das ruhige Arbeiten im Klostergarten, das persönliche Gebet in der Klosterkirche. All dies kann anziehend wirken auf Menschen, die sich nach Sinn und nach Gemeinschaft sehnen. „Komm und sieh!" Dieses Wort Jesu (Johannesevangelium 1,46) lädt dich dazu ein, dir Zeit zu nehmen, um dieser Faszination nachzugehen. „Komm und sieh!" kann heißen: „Ja, du bist gemeint. Folge mir nach!"

4.2 Widerstände

Wenn ich innerlich immer stärker die Sehnsucht nach dem Ordensleben spüre, wächst manchmal auch der Widerstand dagegen. Was hält uns davon ab, Jesus in einer Klostergemeinschaft nachzufolgen?

In Kapitel 7 ist die Rede von: „Was finde ich im Ordensleben nicht? Was darf ich nicht erwarten? Was (scheinbar) dagegen spricht." Darum werden wir hier nur kurz von dem Gegenwind sprechen, der dir am Anfang deines Weges entgegenwehen könnte. Das heißt: Wenn du dir ernsthaft überlegst, in ein Kloster einzutreten, oder wenn du dich wirklich für einen Klostereintritt entscheidest.

Ein vielleicht nicht offensichtliches Argument gegen einen Klostereintritt ist der Faktor Zeit. Die Faszination zum Ordensleben kann verblassen, wenn ich sie zu lange bestehen lasse als oberflächliches Angezogensein. Was heißt das? Ich gehe zum Beispiel immer wieder in Klosterwochenenden, verbringe Kloster auf Zeit in einigen Ordensgemeinschaften. Ich verbringe viel Zeit mit dem Auswählen der Ordensspiritualität, welche mir am meisten entspricht, führe lange Gespräche mit ganz verschiedenen Menschen. Ich bleibe aber stehen beim eher intellektuellen Suchen. Mein Herz ist wenig beteiligt. Ich suche die „perfekte" Gemeinschaft, will mich einhundertprozentig absichern. Der Ruf wird dadurch leiser und – verstummt vielleicht schlussendlich. Und wenn deine innere Stimme dich an einen anderen Ort führt?

Vielleicht spürst du in der Auseinandersetzung mit dem Ordensleben immer deutlicher, dass deine Berufung eine andere ist. Du möchtest dich lieber in einer Pfarrgemeinde als Religionspädagogin engagieren, eine Familie gründen, einen Freiwilligeneinsatz machen, eine neue Ausbildung beginnen … kurz: Du möchtest Jesus Christus in einer anderen Form als dem Ordensleben nachfolgen. Wie schön, wenn du deinen persönlichen Weg findest. Glücklicherweise kann eine Ordensgemeinschaft dennoch eine treue Begleiterin deines Weges sein. Du besuchst Gottesdienste, gehst in inspirierende Kurse, führst bereichernde Gespräche mit Schwestern oder stärkst dich für dein Familienleben im Gästehaus eines Klosters.

Zu den äußeren Widerständen: Die ganzen Vorurteile, Ängste, Klischeevorstellungen, gut gemeinten Ratschläge können dich einiges an innerer Kraft kosten. Es kommen vielleicht Sätze wie: „Was, du in ein Kloster? Mit deiner Ausbildung? Du verschleuderst deine Talente!" – „Du verlierst deine Freiheit." – „Suche zuerst einmal verstärkt nach dem richtigen Partner, dann verliert sich dieser Ruf ins Kloster." – „Ich frage mich, warum du eine solche Organisation mit so vielen Missständen tatsächlich unterstützen möchtest." – „Hilfe, du verlierst so vieles! Wirst du so glücklich?" – „Du wirst nie Kinder haben." usw.

Es ist gut, dass du dich solchen Fragen stellen musst. Es stärkt deine Berufung, wenn du dir während längerer Zeit Gedanken machst, ob dein Bekannten- und Familienkreis eventuell doch Recht hat mit seinen Vorbehalten. Du überlegst dir deine Motivation fürs Ordensleben gründlicher. Du hinterfragst deine Sehnsucht, dich der Liebe Gottes in einem Kloster ganz hinzugeben. Du stellst dich tiefgreifenden Fragen – wahrscheinlich auch im Gespräch mit erfahrenen Ordensleuten. Letztlich ist es jedoch deine innere Stimme, welche dir den Weg zeigt – Gottes Geist, der in dir wirkt. „Hör auf dein Herz", sagt Äbtissin Monika in ihrem dritten Impuls.

4.3 Die Gelübde: Verzicht oder ein Mehr an Freiheit?

Ein Merkmal des Ordenslebens ist, dass eine Schwester oder ein Bruder nach einer mehrjährigen Probezeit die sogenannten „Gelübde" ablegt. In Kapitel 8 berichten wir von den Schritten ins Ordensleben (siehe Punkt 8.4).

Was sind Gelübde? Ordensleute geloben bei der Profess, nach den drei „Evangelischen Räten" zu leben. In einem Orden verspreche ich, radikal für Gott und den Nächsten da zu sein – in einer verbindlichen Form, mit einer Gruppe von Gleichgesinnten. Jesus hat seinen Jüngerinnen und Jüngern gezeigt, wie sie ihren Glauben und ihr Leben gestalten können. Im Laufe der Jahrhunderte haben sich für das klösterliche Gemeinschaftsleben vor allem drei sogenannte

„Evangelische Räte" herauskristallisiert. Ordensleute verpflichten sich zu Armut, Gehorsam und gottgeweihter Keuschheit beziehungsweise Ehelosigkeit.

Ähnlich versprechen Mönche und Nonnen, die nach der Benediktsregel leben, bei der Profess Gott Treue zur klösterlichen Gemeinschaft (*stabilitas in congregatione*), einen zielstrebigen Wandel im Guten in Armut und eheloser Keuschheit (*conversatio morum*) sowie – unter der Leitung eines Abtes oder einer Äbtissin – Christus nachzufolgen (Gehorsam/*oboedientia*).

Andere Orden legen ihren Fokus auf die Verfügbarkeit, auf die Besitzlosigkeit oder betonen ein bestimmtes Charisma, wie die Jugendbildung, Seelsorge, Mission, Berufungspastoral, Krankenbetreuung usw. Zu diesen Gelübden wurden bereits zahlreiche Bücher geschrieben. Wir wollen und können sie hier nicht ausführlich erklären. Es geht vielmehr um die Frage: „Bedeutet das Ablegen der Gelübde vor allem Verzicht, oder ist dadurch eine größere Freiheit möglich?" – Wenn ich jemandem etwas verspreche, dann bindet mich dieses Versprechen – wenn ich es ernst meine. Dies gilt auch, wenn ich in einer verbindlichen Partnerschaft lebe. Wenn ich die Gelübde ablege, bin ich äußerlich weniger frei zu tun, was ich will. Aber wie ist es mit meiner inneren Freiheit?

Dazu einige Gedanken zu den Gelübden:

Zuerst zur **Armut.** Dieser Begriff ist in unserer Konsumgesellschaft fast ein „Hohn" und kann zynisch tönen, wenn wir beispielsweise an die Armen in Slums denken. Für Ordensleute bedeutet Armut, ohne persönlichen Besitz und in Gütergemeinschaft zu leben. Das heißt: Die Schwestern haben eine gemeinsame Kasse. Sie haben keinen persönlichen Lohn oder andere Einkünfte. Wenn eine Schwester neue Schuhe benötigt, bittet sie um dieses Geld. Es gibt auch Gemeinschaften, in denen eine gewisse Summe als Taschengeld jedem Mitglied zur Verfügung steht. Grundsätzlich geht es bei der Armut um einen einfachen Lebensstil. In unserer Wohlstandsgesellschaft heißt dies zudem: achtsam mit den Ressourcen umgehen, Nachhaltigkeit fördern, solidarisch sein, teilen, loslassen. Wenn ich zum Beispiel das eigene Auto, tolle Kleider oder die Weltreise loslasse, bedeutet das, dass ich die Hände frei habe für Geschenke: Begegnungen mit anderen Menschen, kleine persönliche Überraschungen, eine Umarmung. Dieses Gelübde macht – wenn ich es wirklich lebe – überaus frei und offen.

Der **Gehorsam**. Dieses Gelübde ist ein dreifaches „Hören". Gehorsam bedeutet, dass ich eine Hörende bin. Ich höre auf Gottes Stimme in mir. Ich höre auf meine Mitschwestern. Und ich höre auf die Verantwortlichen in meiner Gemeinschaft. Die Benediktsregel beginnt mit dem Wort „Höre!". Das bedeutet, dass ich wach bin und aufmerksam im Leben stehe. Achtsamkeit – ein heute fast inflationär gebrauchter Begriff – ist dabei wichtig. Ich lebe ganz in der Gegenwart. Ich beachte, was der Tag mir an Möglichkeiten bringt, mich weiterzuentwickeln. Ich achte darauf, dass ich die Realität bewusst wahrnehme, vor allem auch, was andere Menschen mir sagen. Gehorsam heißt, dass ich mein ganzes Leben lang eine fundamentale Hörbereitschaft entwickle. Was sagt mir Gott? Was kann ich tun, damit Gottes Wille in meinem Leben geschieht? Wie spricht Gott durch meine Mitschwestern zu mir? Dieses innere Hören bewahrt davor, angekommen zu sein, fixe Meinungen zu zementieren. Als Hörende versuche ich, die Zeichen der Zeit im Geiste Christi zu deuten und Antworten zu finden auf die Bedürfnisse der Menschen. – Auch dieses Gelübde führt mich zur inneren Freiheit.

Das Gelübde der **Keuschheit** oder der **Ehelosigkeit** ist eine Grundvoraussetzung für das Ordensleben. Es hilft mir, mich völlig Gott anzuvertrauen und mit ungeteiltem Herzen ihm und meinen Mitmenschen zu dienen. Die Begriffe Keuschheit, Jungfräulichkeit und Ehelosigkeit werden teilweise synonym gebraucht. Jeder Begriff zeigt jedoch eine andere Dimension der ungeteilten Hingabe an Gott auf. Als ehelose Frau verzichte ich darauf, mich an einen einzelnen Menschen zu binden. Ich bin verfügbar für Gott und für den Dienst an den Nächsten – um des Himmelreiches willen. Jungfräulichkeit meint ursprünglich, dass ich mein Herz voll und ganz Gott öffne, mit großer Sehnsucht nach einem erfüllten Leben. Keuschheit ist ebenfalls ein Begriff, der unzeitgemäß klingt. Gemeint ist die Bereitschaft, sich selbst zurückzunehmen. Als Ordensfrau beinhaltet dies zudem den Verzicht auf eine intime Zweierbeziehung und auf eigene Kinder, eine Familiengründung. Dieses Gelübde bedeutet keineswegs ein Leben ohne Beziehung. Eine Ordensfrau soll und kann ihr Leben in Freundschaft und Verbundenheit mit anderen Menschen gestalten. Schwestern sind keine asexuellen Wesen, sondern – hoffentlich – durch und durch lebendig und leidenschaftlich mit und für Gott unterwegs. Herzlichkeit, Vertrautheit und Zeichen der Zuneigung sind Wesensmerkmale einer schwesterlichen Gemeinschaft. Schwestern sind von Gott gerufen, dessen innerstes Wesen Liebe ist. Also sollen sie Liebe im umfassenden Sinn auch leben – in innerer Freude und Freiheit.

Die Gelübde sollen also, wenn sie gut gelebt werden, zu mehr Freiheit führen. Jeder Mensch, ob in einem Kloster oder einer Familie, verzichtet auf gewisse Dinge. Eine Familienmutter kann nicht jedes Wochenende zu einem Festival reisen und ihre Kinder und ihren Partner alleinlassen. Eine Unternehmerin kann nicht jeden Tag sechs Stunden Sport treiben, nur weil es ihr gefallen würde. Eine Hotelangestellte kann nicht in der Hochsaison Urlaub nehmen, weil sie es halt so möchte. Jedes Leben ist eingebunden in die Ansprüche anderer Menschen und Aufgaben. Ich verzichte auf etwas, um für etwas anderes frei zu sein. Verzicht kann manchmal schmerzhaft sein. Doch das Ja für etwas Größeres, etwas, was mir wichtiger ist, ist stärker. So ist es auch mit den Gelübden. Wir Menschen sehnen uns nach Unendlichkeit: nach einem Glück, das nonstop verfügbar ist, nach Menschen, die nie enttäuschen, nach einer Liebe, die jedes Maß übersteigt. Unsere Sehnsucht ist gut. Doch menschlich gesehen wird sie nie ganz erfüllt werden. Sie weist hin auf das Göttliche.

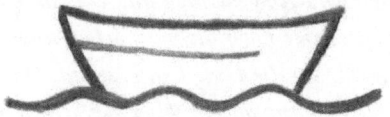

DRITTER IMPULS: WENN ICH MICH NUR ENTSCHEIDEN KÖNNTE!

Wir haben bereits gesehen, dass die in den biblischen Berufungs-geschichten Angesprochenen unterschiedlich reagiert haben. Es gibt Geschichten, die den Eindruck erwecken, es sei sofort alles klar ge-wesen (Matthäus 4, 18–22). In anderen begegnen wir auch einem Zögern (Markus 10,17 f). Immer gab und gibt es lange und kurze Wege, schnelle Entscheidungen oder ein Aufschieben – manchmal auch für immer. Junge Frauen erzählen mir im Gespräch manchmal: Die Frage, ob ich zu einem Leben im Kloster berufen bin, geht schon länger mit mir. Durch mein berufliches Engagement, spannende Projekte, verlockende Möglichkeiten der Freizeitgestaltung wird sie dann immer wieder zurückgedrängt. Aber sie kommt wieder. Jetzt stehe ich aufs Neue vor der Frage. Doch wie kann ich zur Klarheit kommen? Ich sage dann manchmal: Wenn dieser Gedanke immer wiederkommt, vielleicht über Jahre, würde ich ihn unbedingt ernst nehmen. Ein Zeichen, das auf eine Berufung hinweist, ist, dass uns die Frage nicht mehr loslässt. Sie holt uns immer wieder ein. Man verdrängt sie und sie kommt wieder. Dann ist es ratsam, der Frage nachzugehen. Gott klopft an. Und er klopft ein zweites Mal an, viel-leicht ein drittes Mal. Davon erzählt die biblische Geschichte der Berufung Samuels.

Der junge Samuel versah den Dienst des Herrn unter der Aufsicht Elis. In jenen Tagen waren Worte des Herrn selten; Visionen waren nicht häufig. Eines Tages geschah es: Eli schlief auf seinem Platz; seine Augen waren schwach geworden und er konnte nicht mehr sehen. Die Lampe Gottes war noch nicht erloschen und Samuel schlief im Tempel des Herrn, wo die Lade Gottes stand. Da rief der Herr den Samuel und Samuel antwortete: Hier bin ich. Dann lief er zu Eli und sagte: Hier bin ich, du hast mich gerufen. Eli erwiderte: Ich habe dich nicht gerufen. Geh wieder schlafen! Da ging er und legte sich wieder schlafen. Der Herr rief noch einmal: Samuel! Samuel stand auf und ging zu Eli und sagte: Hier bin ich, du hast mich gerufen. Eli erwiderte: Ich habe dich nicht gerufen, mein Sohn. Geh wieder schlafen! Samuel kannte den Herrn noch nicht und das Wort des Herrn war ihm noch nicht offenbart worden.

Da rief der Herr den Samuel wieder, zum dritten Mal. Er stand auf und ging zu Eli und sagte: Hier bin ich, du hast mich gerufen. Da merkte Eli, dass der Herr den Knaben gerufen hatte.

Eli sagte zu Samuel: Geh, leg dich schlafen! Wenn er dich ruft, dann antworte: Rede, Herr; denn dein Diener hört. Samuel ging und legte sich an seinem Platz nieder. Da kam der Herr, trat heran und rief wie die vorigen Male: Samuel, Samuel! Und Samuel antwortete: Rede, denn dein Diener hört. (1. Samuel 3, 1–10)

Diese Geschichte zeigt uns, wie Gott immer wieder anklopft. Doch noch etwas anderes wird deutlich: Samuel kann das Erlebte nicht selber deuten. Er braucht den erfahrenen Eli, der schon länger mit Gott unterwegs ist. So ist das auch heute. Es ist sehr hilfreich, mit einem Menschen unseres Vertrauens über die persönliche Suche zu sprechen. In vielen Klöstern gibt es das Angebot „Geistliche Begleitung". Du ringst nicht allein mit der Frage, sondern öffnest dich einer Schwester, einem Mönch, einer Seelsorgerin, einem Priester, die mit dir zusammen in deine Fragen hineinhorchen. Auf ihrem eigenen Weg haben sie gelernt, Zeichen zu deuten und zu unterscheiden: Wo ist wohl Gott am Werk, wo eher nicht. Die Entscheidung musst du letztlich selber treffen. Doch – wie bei einer Bergwanderung – ist es hilfreich, wenn jemand, der dir an Erfahrung voraus ist, mit dir geht. Vielleicht braucht es etwas Mut, dein Herz einem anderen Menschen zu öffnen und diese Frage, die dich schon länger umtreibt, einmal auszusprechen. Doch es lohnt sich, denn oft klärt sich dadurch etwas in uns.

Um mehr Klarheit zu bekommen, ist es hilfreich, einmal ein paar Tage in einer klösterlichen Gemeinschaft zu verbringen. Dabei kannst du spüren, wie sich das anfühlt. Das bloße Überlegen führt nicht unbedingt zum Ziel. Oft führt eine konkrete Erfahrung zu mehr Klarheit. Fühlt sich die Erfahrung gut an, dann liegt es nahe, dranzubleiben; ein gewagtes Ja kann ungemein befreiend sein. Fühlt sie sich nicht gut an, dann ist klar geworden, dass der Weg wohl anders weitergeht. Auch das ist gut. Eine noch intensivere Möglichkeit zur Klärung dieser Frage ist es, eine Auszeit in einer christlichen Gemeinschaft zu verbringen, um dem auf den Grund zu gehen. Dabei kannst du dieses andere Leben bereits ein wenig schmecken und ausprobieren und hast die Möglichkeit, über deine Fragen zu sprechen.

Ich kann mir vorstellen, dass es sich gut anfühlt, möglichst alle Türen offenzuhalten. Du bist dir bewusst, dass mit einer Entscheidung mehrere Türen zufallen. Das kann beunruhigen. Doch ohne gewagte Entscheidungen wird dein Leben an der Oberfläche bleiben, im Unverbindlichen. Ein gewagtes Ja kann dich in die Tiefe führen und zur Erfüllung.

Letztlich ist es Gott selbst, der uns Weg und Ziel zeigt. Nimm dir täglich Zeit, auf ihn zu hören. Bitte ihn um Klarheit. Setze dich der Stille aus. Leg dein Ohr an sein Herz. Und lasse die Texte der Bibel zu dir sprechen, im Besonderen das Evangelium. Viele vor dir standen schon vor derselben Frage und durften erfahren, wie sich schrittweise ein Weg aufgetan hat.

5

Die Ordensgemeinschaften von und für Frauen im deutschsprachigen Raum – Leben in Fülle

In diesem Kapitel geben wir dir einen kurzen Überblick über die vielfältige Ordenslandschaft. Es gibt tatsächlich eine große Anzahl von Orden, Kongregationen und apostolischen Gemeinschaften, die das Charisma des geweihten Lebens in der Kirche hervorgebracht hat. Wir laden dich ein, zuerst eine bildliche Darstellung zu betrachten.

Ordensfamilien sind in verschiedenen Booten unterwegs. Die Schiffe sind unterschiedlich groß und erkunden das weite „Ordensmeer".

Anhand des Zeitstrahls an der linken Seite erkennst du, wann die Gemeinschaften gegündet wurden. Unsere skizzenhafte Darstellung bietet lediglich einen ungefähren Überblick, welche großen und kleinen „Boote" unterwegs sind. Natürlich gibt es noch viele weitere Boote bzw. Orden. Die „Boots-Gemeinschaften" vereint eine freudige Abenteuerlust und auch eine gesunde Neugierde zum Erkunden von neuen, unbekannten Gewässern.

Gründungsjahr der Ordensfamilie / Kongregation / Gemeinschaft

2100
2000
1900
1800
1700
1600
1500
1400
1300
1200
1100
1000
600-900
500

Kleine Schwestern

Trappistinnen

Franziskanische
Gemeinschaften

Ursulinen

Congegratio Jesu

Karmelitinnen

Dominikanerinnen

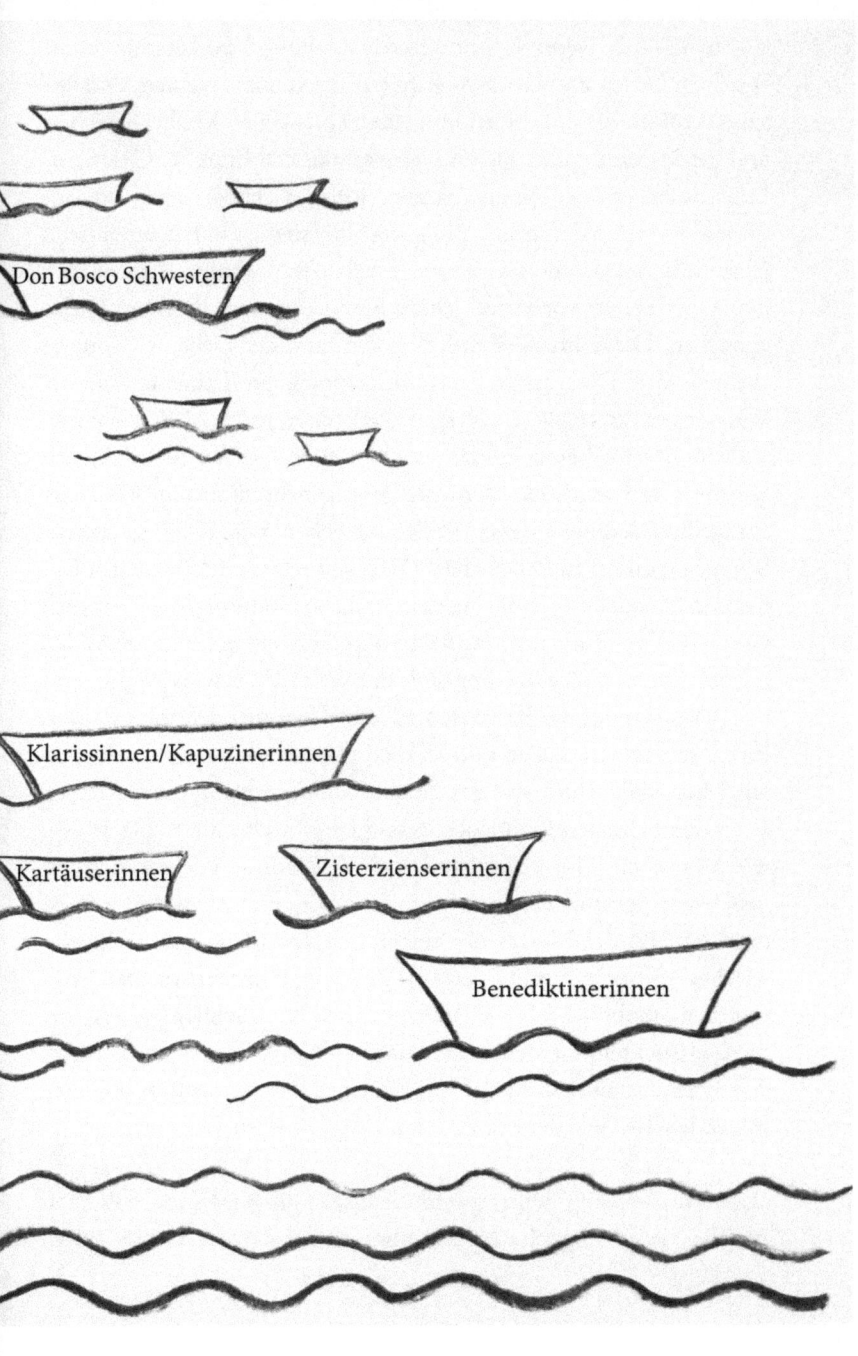

Wir freuen uns, wenn du mit dieser Darstellung Lust bekommst, die einzelnen Orden und Gemeinschaften näher kennenzulernen. Ordensleute verfügen oft über einen immensen christlichen Erfahrungsschatz und geben gerne spirituelle und lebenspraktische Impulse. Geistliches Leben sollte stets ein Abenteuer sein. Wenn es gelingt, stärkt und inspiriert es viele Menschen. Einige Schiffe sind schon über tausend Jahre unterwegs, andere erst wenige Jahrzehnte. Einige Boote haben ihre Fahrt bereits vor vielen Jahren beendet, andere sind neu in See gestochen. Die Fahrt zum Ziel, zum Urgrund der Liebe, zu Gott, ist abenteuerlich. Doch schon die Fahrt verspricht ein „Leben in Fülle". – Wie wird es erst sein, wenn wir am Ziel ankommen ...? Bootsfahrten auf dem Meer haben es in sich: Es gibt schöne Tage auf See, aber auch Stürme – und windstille Momente. Jesus spricht zu uns im Johannesevangelium, Kapitel 10, Vers 10: „Ich bin gekommen, damit sie das Leben haben und es in Fülle haben." Welche Verheißung! Somit galt früher und gilt auch heute die unerschütterliche Hoffnung, der Zuspruch Gottes, der am Ende des Matthäusevangeliums steht: „Seid gewiss: Ich bin bei euch alle Tage bis zum Ende der Welt." (Matthäus 28,30)

Der Urgrund, die Basis, ist also Jesus Christus, der Sohn Gottes. Er hat mit seinem Leben und Sterben gezeigt, nach welchen Werten wir leben sollen und wie das Zusammenleben gelingt. Sein Leben ist in den Schriften des Neuen Testamentes festgehalten. Sie zeigen, wie Menschen ihm nachfolgten und ihr Zusammenleben in fairer, liebevoller Art und Weise zu gestalten versuchten. Uns ist bewusst, dass das Bild des Meeres mit seinen Schiffen nicht das einzige ist, welches Aufbruch symbolisiert. Im Pendant „Himmelsstürmer" wird mit dem Symbol von Seilschaften ebenfalls eindrücklich gezeigt, wie die Gottsuche in Gemeinschaft aussehen kann. Wir laden dich ein, das Titelbild von „Meinst du mich, Gott?" zu betrachten und den folgenden Text aus dem Lukasevangelium zu lesen:

„Der wunderbare Fischfang und die ersten Jünger. Es geschah aber: Als die Volksmenge Jesus bedrängte und das Wort Gottes hören wollte, da stand er am See Gennesaret und sah zwei Boote am See liegen. Die Fischer waren aus ihnen ausgestiegen und wuschen ihre Netze. Jesus stieg in eines der Boote, das dem Simon gehörte, und bat ihn, ein Stück weit vom Land wegzufahren. Dann setzte er sich und lehrte das Volk vom Boot aus. Als er seine Rede beendet hatte, sagte er zu Simon: Fahr hinaus, wo es tief ist, und werft eure Netze zum Fang aus! Simon antwortete ihm: Meister, wir haben die ganze Nacht gearbeitet und nichts gefangen. Doch auf dein Wort hin werde ich die Netze auswerfen. Das taten sie und sie fingen eine große Menge Fische; ihre Netze aber drohten zu reißen. Und sie gaben ihren Gefährten im anderen Boot ein Zeichen, sie sollten kommen und ihnen helfen. Sie kamen und füllten beide Boote, sodass sie fast versanken. Als Simon Petrus das sah, fiel er Jesus zu Füßen und sagte: Geh weg von mir; denn ich bin ein sündiger Mensch, Herr! Denn Schrecken hatte ihn und alle seine Begleiter ergriffen über den Fang der Fische, den sie gemacht hatten; ebenso auch Jakobus und Johannes, die Söhne des Zebedäus, die mit Simon zusammenarbeiteten. Da sagte Jesus zu Simon: Fürchte dich nicht! Von jetzt an wirst du Menschen fangen. Und sie zogen die Boote an Land, verließen alles und folgten ihm nach."

Das Bild vom Boot, das am Seeufer liegt, lässt uns an Jesus und seine Jünger denken. Wenn wir das Evangelium lesen, treffen wir Jesus oftmals am See an. Ein paar seiner Jünger waren Fischer. So geschah es einmal (Lukas 5, 1–11), dass Simon und die anderen Jünger die ganze Nacht gearbeitet, doch keine Fische gefangen hatten. All ihre Mühe war vergeblich gewesen. Sie waren müde und entmutigt. Da sagte Jesus zu Simon: Fahr noch einmal hinaus, wo es tief ist. Es war klar: Der helle Tag war zum Fischen die falsche Zeit. Doch Simon und seine Gefährten fahren noch einmal hinaus. Simon stützt sich auf nichts anderes als auf das Wort Jesu. Und sie fangen so viele Fische, dass die Netze zu reißen drohen.

Immer wieder – damals und heute – lädt Jesus Menschen ein, nicht in den seichten Gewässern zu bleiben, die sie kennen und in denen sie sich sicher fühlen. Er ruft uns hinaus ins Tiefe, ins Weite, ins Unentdeckte, Ungesicherte, ins Abenteuer. Er ruft uns, zu ganz neuen, uns noch unbekannten Ufern aufzubrechen. Und dies ohne Absicherung, ohne Garantieschein. Einfach auf sein Wort hin.

Bevor wir nun die Orden chronologisch aufzählen, noch eine Vorbemerkung: In diesem Buch sprechen wir der Einfachheit halber von „Orden" oder von „Gemeinschaften". Zum Begriff „Orden": Orden im eigentlichen Sinn werden die „klassischen" klösterlichen Gemeinschaften genannt, nämlich die Benediktinerinnen, Zisterzienserinnen, Trappistinnen, Augustiner Chorfrauen usw. Zu dieser Gruppe der Orden gehören auch die sogenannten „Bettelorden oder Mendikanten", das sind Franziskanerinnen, Klarissinnen, Kapuzinerinnen, Dominikanerinnen, Karmelitinnen, Ursulinen usw. Als zweite Gruppe gibt es die oft in den letzten 300 Jahren gegründeten Kongregationen oder Säkularinstitute wie beispielsweise die Congregatio Jesu, die Barmherzigen Schwestern vom Heiligen Kreuz, die Kleinen Schwestern Jesu oder das Katharina-Werk. Diese werden im Grunde nicht als Orden, sondern eher als „(Ordens-)Gemeinschaften" verstanden und benannt.

Damit dieses Buch in verständlicher Form geschrieben ist, bezeichnen wir jedoch diese zwei großen Kategorien – die „klassischen Orden" und die „jüngeren Kongregationen" – beide als Orden oder als Gemeinschaften. Außerdem gibt es ordensähnliche Gemeinschaften in neueren Geistlichen Bewegungen, notabene in verschiedenen Konfessionen bzw. in ökumenischer Ausrichtung. Dazu gehören zum Beispiel die Fokolarbewegung (katholisch) oder die Jesus-Bruderschaft Gnadental (ökumenisch).

5.1 Benediktinisch-monastische Orden, ab dem 6. Jahrhundert

Die monastischen Orden bilden den ältesten Zweig des geistlichen Lebens in der Kirche. Nachdem die Eremiten und Eremitinnen der ersten Jahrhundertwende in der Abgeschiedenheit der Wüste Gott suchten, waren Basilius der Große und Benedikt von Nursia unter den Ersten, die zusammen mit Gefährten gangbare Wege in der Nachfolge Christi in einer Gemeinschaft gesucht und gefunden haben. Es gibt drei monastische Zweige: das benediktinische Mönchtum (bestehend aus Benediktinern, Zisterziensern und Trappisten), den Kartäuserorden und das basilianische Mönchtum. Letzteres stellt in den Ostkirchen die traditionelle Form des geweihten Lebens dar. Es geht auf den heiligen Basilius zurück, auf den sich auch der heilige Benedikt beruft. Der heilige Bruno (1027/35–1101) gründetet im 11. Jahrhundert einen weiteren monastischen Orden (Kartäuser), der Elemente des benediktinischen Mönchtums aufnahm, aber das Alleinsein des einzelnen Mönchs stärker betonte. Eine Besonderheit des monastischen Ordens ist einerseits, dass das Gotteslob und das kontemplative Leben im Zentrum stehen. Andererseits ist ihre Anpassungsfähigkeit an konkrete Erfordernisse ihres Umfelds wichtig (Schultätigkeit, Pfarreiseelsorge, landwirtschaftliche Arbeit usw.). Die Mitglieder der monastischen Orden werden „Mönch" beziehungsweise „Nonne" genannt. Diese gehören von ihrer Profess an bis zu ihrem Tod zu einem einzelnen bestimmten Kloster (vgl. „Himmelsstürmer", S. 102).

Benediktinerinnen

Wer eine Benediktinerin nach der benediktinischen Spiritualität fragt, erntet meist ein verschmitztes Lächeln oder ein Achselzucken. Denn auch die bekannte Kurzformel *„ora, labora et lege"* (bete, arbeite und lies) umfasst das Benediktinische nicht voll und ganz. Ebenso ist es nicht die Liturgie, der gregorianische Choral oder die Bildung. All das kann man eher als Resultate dessen bezeichnen, was es im benediktinischen Mönchtum auch gibt. Für den heiligen Benedikt steht nur einer im Mittelpunkt: Jesus Christus. (...) Die benediktinische Spiritualität ist also nichts anderes als das Evangelium selbst, aus dessen Kraft, Hoffnung und Zuversicht die Nonne versucht, in einer konkreten Gemeinschaft den Weg des Lebens als Suchende zu beschreiten – und das ein ganzes Leben lang am selben Ort, im selben Kloster (vgl. „Himmelsstürmer", S. 102–103). Die meisten Benediktinerinnen leben darum in einer sogenannten „Klausur", das heißt: einem abgegrenzten Bereich, der nur für die Nonnen zugänglich ist. Seit dem 20. Jahrhundert gibt es auch nicht-klausurierte Gemeinschaften wie die Missionsbenediktinerinnen oder die Kommunität Venio. Diese Schwestern arbeiten auch außerhalb des eigentlichen Klosters.

Benediktinerinnen tragen meistens einen schwarzen Habit (eine Art Tunika) mit einem Zingulum (Gürtel) darüber, dann ein schwarzes Skapulier (eine Art Schürze) und einen schwarzen Schleier (oft mit weißer Haube darunter). Beim Gottesdienst tragen sie zudem eine schwarze Kukulle. Das ist ein langes, faltenreiches Kleid mit sehr weiten Ärmeln.

Zisterzienserinnen

Der Zisterzienserorden besteht aus Frauen- und Männerklöstern unter einer gemeinsamen Leitung und ist in Kongregationen untergliedert. Er ist auf vier Kontinenten in 130 Klöstern mit etwa 2500 Mitgliedern präsent. Zwei Drittel sind Mönche, ein Drittel Nonnen. Namensgebend für den Orden war das erste Kloster Cîteaux, das 1098 als benediktinisches Reformkloster in Frankreich gegründet wurde. Zisterzienser hatten früher eine Pionierrolle in der Landwirtschaft. Heute ist unter anderem eine zukunftsgerichtete, gelebte Nachhaltigkeit im Fokus.

Die Zisterzienserinnen leben also nach der Regel des Mönchsvaters Benedikt. Der klösterliche Alltag unterscheidet sich heutzutage kaum von dem eines Benediktinerinnenklosters. (...) Das Chorgebet

strukturiert den Tagesablauf wesentlich. Der Lebensraum der Nonnen ist ein Ort der Stille, sodass jeder Einzelnen Raum für das persönliche Gebet, die geistliche Lesung und das Alleinsein eingeräumt
wird. (…) Das monastische Leben hat seinen Zweck darin, Gott in
die Mitte des Lebens zu stellen, ihn in allem zu suchen, ihn zu loben,
ihm zu begegnen. Das geschieht gemäß der zisterziensischen Spiritualität nicht nur im Schweigen, sondern auch in der geschwisterlichen Gemeinschaft. Christus begegnet uns im Nächsten, das gilt
es im Alltag zu leben (vgl. „Himmelsstürmer, S. 107–108). Zisterzienserinnen legen Wert auf Schlichtheit und Einfachheit – in ihrem
Lebensstil und auch in der Architektur. Ganz nach benediktinischer
Tradition führen sie Gästehäuser und einige Klöster auch Schulen. In
diesen arbeiten die Schwestern direkt mit (als Lehrerinnen, Erziehe-
rinnen) oder sind im Hintergrund tätig (Verwaltung usw.). Auf Seite
82 kannst du die 34-jährige Zisterzienserin Schwester Mariae Laetitia
kennenlernen und auf Seite 84 Ingrid, welche Kandidatin ist.

Zisterzienserinnen tragen einen weißen Habit und ein schwarzes Skapulier, darüber ein schwarzes Zingulum und (meistens) einen
schwarzen Schleier (oft mit weißer Haube darunter). Beim Gottesdienst tragen sie zudem eine weiße Kukulle.

Trappistinnen
Dieser Orden ist wiederum eine Reform, und zwar eine Reform des
Zisterzienserordens. Er entstand 1892. Wiederum wollte man bzw.
frau zurück zu radikaler Einfachheit und Handarbeit, dem Ordens-
ideal des 12. Jahrhunderts. Im deutschsprachigen Raum gibt es zur-
zeit je zwei Trappistinnenklöster in Deutschland und in der Schweiz.
Trappistinnen arbeiten immer innerhalb des eigenen Klosters in der
Landwirtschaft, in Werkstätten usw. und nehmen keine sozialen
Aufgaben außerhalb wahr.

Trappistinnen tragen dasselbe Ordenskleid wie Zisterzienserinnen. Sie unterscheiden sich nur dadurch, dass sie als Zingulum einen
ledernen Gürtel tragen (nicht aus Stoff).

5.2 Kartäuser, ab dem 11. Jahrhundert

Der Orden der Kartäuser wurde im 11. Jahrhundert vom heiligen Bruno in Frankreich gegründet. Zentral ist das ausgeprägte eremitische Leben in Einsamkeit und das dazugehörige Gemeinschaftsleben. Es entstanden hauptsächlich Klöster für Männer, einige auch für Frauen. Mitte des 20. Jahrhunderts bildete sich die Monastische Familie von Bethlehem. In der Tradition der Wüstenväter und des heiligen Bruno gibt es im deutschsprachigen Raum nur zwei Klöster für Frauen.

5.3 „Bettelorden", ab dem 12. Jahrhundert

Die bekanntesten Vertreter der Betteluorden, der Mendikanten, sind die Söhne und Töchter des heiligen Franziskus und die Predigerbrüder, die auf den heiligen Dominikus (um 1170–1221) zurückgehen. Auch die Karmeliten und Augustiner-Eremiten gehören zur Familie der Mendikanten Orden. Der Aspekt der gemeinschaftlichen Armut (im Gegensatz zu den monastischen Orden und Regularkanonikern) ist ein wichtiges verbindendes Element. (…) Die Familie der Mendikanten-Orden ist hauptsächlich im 13. Jahrhundert entstanden; sie waren eine Reaktion auf Missstände innerhalb der Kirche und im damaligen Ordensleben. (vgl. „Himmelsstürmer", S. 113–114)

Klarissinnen, die bekannteste Frauengemeinschaft mit franziskanischen Wurzeln

Der Franziskanerorden wurde im 13. Jahrhundert vom heiligen Franz von Assisi gegründet. Klara von Assisi schrieb ebenfalls im 13. Jahrhundert als erste Frau eine Ordensregel für Frauen. Diese betonte, dass Klarissinnen „das Evangelium unseres Herrn Jesus Christus" beachten sollen. Die Eigenverantwortung jeder Schwester wird explizit eingefordert. Es gibt im deutschsprachigen Raum zahlreiche

Klarissinnenklöster, der sogenannte zweite Orden des heiligen Franziskus. Die Klarissinnen leben meist kontemplativ-monastisch und bleiben im Kloster, in das sie eingetreten sind.

Klarissinnen tragen ein einfaches braunes Ordenskleid, den Habit. Als Zingulum dient eine weiße Kordel mit drei Knoten, Symbole für die Gelübde Armut, Keuschheit und Gehorsam. Der Schleier ist schwarz mit einer weißen Haube darunter.

Klarissen-Kapuzinerinnen

Grundlegend für Kapuzinerinnen ist die dreifache Liebe: „sich selbst Gutes tun, jedem Menschen liebevoll begegnen und auf Gottes Zuwendung beherzt antworten". Franz von Assisi lehrt, die Welt nicht zu fliehen, wie es die Wüstenmönche taten, sondern sie als gemeinsamen Lebensraum aller Menschen, Tiere und Pflanzen zu gestalten." (vgl. „Himmelsstürmer", S. 122) Dieser Orden wurde im 16. Jahrhundert gegründet und steht in der franziskanischen Tradition. Es gibt verschiedene Klöster im deutschsprachigen Raum. In der Schweiz werden die Schwestern häufig nur Kapuzinerinnen genannt.

Franziskanische Kongregationen, meist im 19. Jahrhundert gegründet

Frauen waren und sind von der franziskanischen Lebensweise fasziniert. Es wurden viele weitere Ordensgemeinschaften gegründet. Diese sind meistens Mitglieder des dritten Ordens des heiligen Franziskus und entstanden im 19. Jahrhundert. Die Liste der damals entstandenen Kongregationen ist lang und kann darum hier nicht aufgezählt werden. Franziskanische Frauenkongregationen sind oft sozial-charitativ tätig, aber auch in der Krankenpflege und Bildung engagiert. Sie haben teilweise weltweit verschiedene Niederlassungen. Schwester Marie-Sophie Schindeldecker, welche im Beitrag auf Seite 88 zu Wort kommt, gehört beispielsweise zu den Franziskanerinnen von Sießen. Schwester Dorothea Maria Oehler erzählt auf Seite 94 von ihrem Leben als Barmherzige Schwester vom heiligen Kreuz.

Franziskanisch lebende Gemeinschaften tragen meist ein schwarzes oder braunes Ordensgewand. Einige Gemeinschaften stellen es den Schwestern frei, ob sie ein Ordenskleid tragen möchten. Auch der Schleier wird nicht in jeder Gemeinschaft getragen.

Dominikanerinnen

Dominikanerinnen stehen in der Tradition des Predigerordens, welchen der heilige Dominikus im frühen 13. Jahrhundert gegründet hat. Sie begründen ihre Spiritualität unter anderem auf die Ordensregel des heiligen Augustinus. Im Zentrum des Ordens steht das Anliegen, den Menschen die Heilsbotschaft des Evangeliums zu verkünden – im gesprochenen und geschriebenen Wort. Die dominikanische Lebensform ist gemeinschaftlich und gibt der Weitergabe von spirituellem und anderem Wissen großen Raum, zum Beispiel in Schulen, Universitäten und anderen Bildungseinrichtungen. Die vertiefte regelmäßige Weiterbildung und ein fundiertes Studium aktueller Fragestellungen gehören essenziell zum Charisma der dominikanischen Gemeinschaften.

Innerhalb der dominikanischen Richtung gibt es heute sowohl monastische/kontemplative Frauengemeinschaften als auch apostolische Gemeinschaften und dominikanische Laiengemeinschaften. Dominikanerinnen sind maßgeblich geprägt durch die heilige Katharina von Siena, eine große Mystikerin des 14. Jahrhunderts. Sie hielt den Kirchenvertretern ihrer Zeit den Spiegel vor und pochte auf authentisches christliches Leben. Im deutschsprachigen Raum gibt es rund zwei Dutzend Frauengemeinschaften. Der Orden ist jedoch weltweit vertreten und sehr kosmopolitisch unterwegs. Auf Seite 93 erzählt Schwester Ingrid Grave von ihrem Ordensleben.

Dominikanerinnen tragen einen weißen Habit, einen Ledergürtel mit einem großen Rosenkranz, der daran befestigt wird, sowie bei festlichen Anlässen einen schwarzen Chormantel, zudem einen schwarzen Schleier auf einer weißen Haube. Es gibt auch neuere Gemeinschaften, in denen es den Schwestern freigestellt ist, das Ordenskleid zu tragen oder nicht, und es gibt Gemeinschaften, die bewusst kein Ordenskleid tragen, dafür manchmal ein Kreuz.

Karmelitinnen

Der Karmeliterorden entstand aus einer Gemeinschaft von Einsiedlern, die vor über 800 Jahren am Berg Karmel in Israel lebte und sich infolge der Übersiedlung nach Europa den Bettelorden anschloss. Heute gibt es weltweit Niederlassungen der karmelitischen Gemeinschaften. Karmeliten und Karmelitinnen sind von ihrem Ursprung her „Einsiedler in Gemeinschaft" (vgl. „Himmelsstürmer", S. 114). Im Mittelpunkt steht die Freundschaft mit Gott und den Menschen.

Die heilige Teresa von Avila hat im 16. Jahrhundert den Orden erneuert und den Orden der „Unbeschuhten Karmelitinnen" gegründet. Die Karmelitinnen leben kontemplativ, das heißt, dass das Gebet mit all seinen Formen, besonders das innere Gebet als Gespräch mit dem lebendigen Christus, im Mittelpunkt steht. Bekannt ist auch die heilige Therese von Lisieux oder Theresia Benedikta vom Kreuz (Edith Stein). Es gibt im deutschsprachigen Raum einige wenige Karmelitinnenklöster, beispielsweise in Köln. Der Orden ist jedoch in anderen Ländern Europas und auch weltweit sehr verbreitet.

Karmelitinnen tragen einen braunen Habit und einen schwarzen Schleier mit weißer Haube.

5.4 Gründungen ab dem 16. Jahrhundert

Bereits ab dem 16. Jahrhundert gab es apostolisch tätige Schwesterngemeinschaften, die auch heute noch im deutschsprachigen Raum verbreitet sind, wie beispielsweise die Ursulinen (im 16. Jahrhundert gegründet) oder die Congregatio Jesu (früher Maria-Ward-Schwestern genannt). Von Beginn des 19. Jahrhunderts an gab es große

Veränderungen in der Ordenslandschaft. In verschiedenen Regionen erfolgten durch die Säkularisation Schließungen von Frauengemeinschaften. Andererseits entstanden zahlreiche neue Gemeinschaften. Sie professionalisierten die Ausbildungen in Krankenpflege und Bildung.

Heute sind einige dieser Gemeinschaften mit einst mehreren Tausend Schwestern in einer anderen Lage. Sie sehen, dass ihre Pionierrolle wichtig war, ihre Aufgaben nun aber von staatlichen und anderen Institutionen übernommen werden. Einige der Gemeinschaften nehmen keine jungen Schwestern mehr auf. Andere sind weiterhin mit großem Engagement, quasi mit „Volldampf", auf dem Meer der Orden unterwegs. Auf verschiedenen Kontinenten sind apostolische Frauengemeinschaften auch heute vielfältig tätig. Es gibt Don Bosco Schwestern, Schulschwestern, Missionsbenediktinerinnen, Salvatorianerinnen, Steyler Missionsschwestern, Schwestern der heiligen Katharina von Siena (Arenberger Dominikanerinnen), Pallottinerinnen, Missionsärztliche Schwestern und viele weitere. Ein „Gesicht" dieser Gemeinschaften erhältst du, wenn du folgendes Porträt in Kapitel 6 liest: Die 38-jährige Schwester Josefa Maria berichtet auf Seite 98 von ihrem Weg in die Gemeinschaft der barmherzigen Schwestern vom heiligen Vinzenz von Paul.

Durch ihr authentisches Christsein und ihre umfangreichen Aufgabenbereiche begleiten die Schwestern viele Menschen in wichtigen Lebensabschnitten. Die Gemeinschaften sind in ihrer Spiritualität unterschiedlich geprägt. Wesentliche Aspekte können beispielsweise darin bestehen, in Kirche und Gesellschaft den Dialog der Kulturen und Religionen zu ermöglichen oder Menschen am Rande zu betreuen. Je nach Kontext stehen Themen wie Gerechtigkeit, Frauenförderung, pastorale, erzieherische oder medizinische Aufgaben im Fokus.

5.5 Neuere geistliche Gemeinschaften, gegründet ab dem frühen 20. Jahrhundert

Es ist uns bewusst, dass die Übersicht unter diesem Punkt unvollständig ist. Wir wollen und können in diesem Buch nicht alle neueren geistlichen Gemeinschaften vorstellen. Mach dir am besten selbst ein Bild und lerne die Gemeinschaften als Gast unverbindlich kennen. Die meisten Gemeinschaften zeigen sich offen für Schnuppertage, „Kloster auf Zeit" oder Ähnliches.

Kleine Schwestern

Kleine Schwester Magdeleine von Jesus, die Gründerin der Kleinen Schwestern Jesu, sagte: „Sei Zeugin und Zeuge der Zärtlichkeit Gottes, ein Hoffnungsschimmer mitten im Leid dieser Welt der Gewalt und des Unrechts." Die Gemeinschaft wurde 1939 gegründet und erhielt 1964 die päpstliche Anerkennung. Sie führt das Engagement von Charles de Foucauld (1858–1916) weiter. Ausgehend von seinen Schriften und seinem Leben entstanden verschiedene Vereinigungen von Priestern und Laien. Kleine Schwestern teilen den Alltag der Menschen. Sie leben in kleinen Gemeinschaften in einfachen Mietwohnungen. Immer wird ein Raum der Wohnung als Kapelle eingerichtet und dient so dem schweigenden Gebet vor der eucharistischen Gegenwart Jesu. Sie verrichten Arbeiten in Fabriken, an der Kasse eines Supermarktes usw. und nehmen so Anteil am Leben zahlreicher Menschen. So bringen sie Hoffnung und Freundschaft in den oft harten Lebensalltag ihrer Nachbarinnen und Nachbarn. Sie geben durch ihr Mitleben Zeugnis von der zärtlichen Liebe Gottes für uns Menschen.

Kleine Schwestern tragen nur selten einen Habit, sondern meist einfache Alltagskleider sowie ein Kreuz.

Missionarinnen der Nächstenliebe, bekannt auch als Mutter-Teresa-Schwestern

Diese Kongregation wurde von Mutter Teresa 1950 in Kalkutta gegründet und 1965 vom Vatikan als Päpstliche Kongregation anerkannt. Die Schwestern arbeiten in verschiedenen Kontinenten, stets im hingebungsvollen Dienst für die Ärmsten der Armen. Es gibt auch im deutschsprachigen Raum verschiedene Niederlassungen. Die Schwestern helfen beispielsweise Flüchtlingen oder Prostituierten.

Das Ordenskleid der Missionarinnen der Nächstenliebe ist speziell, da es auf den Gründungsort Kalkutta in Indien Bezug nimmt. Es ist ein weißer Sari mit blauen Streifen und ein kleines Kreuz.

Die Gemeinschaft der Seligpreisungen, eine „kirchliche Familie des geweihten Lebens"

Dies ist eine sehr junge Gemeinschaft der katholischen Kirche, die aber bereits turbulente Zeiten durchlebte. 1973 in Frankreich gegründet, bestand die Gemeinschaft anfänglich fast nur aus Familien. Heute setzt sich die Gemeinschaft aus Brüdern, Schwestern und Laien zusammen. Auf Seite 96 berichtet Schwester Tanja von ihrer Berufung. Im Mittelpunkt des Lebens steht das intensive liturgische Leben, der Dienst an den Armen und die Verkündigung des Evangeliums. Ein besonderes Gebetsanliegen ist die Einheit aller Christen.

Das Katharina-Werk mit dem Säkularinstitut „Werk der Heiligen Katharina von Siena"

1913 als katholische Frauengemeinschaft gegründet, hat das Katharina-Werk sich stetig weiterentwickelt. Die zölibatär lebenden Frauen des Säkularinstituts wollen Brückenbauerinnen sein – zwischen der Kirche und der Welt. Sie wirken unter anderem in der christlichen Ökumene und sehen Verschiedenheit als Bereicherung, nicht nur als Herausforderung. Das Netzwerk des Katharina-Werkes (benannt nach der heiligen Katharina von Siena) bietet Raum für Projekte in Bereichen der Friedensarbeit und Ökologie.

Exemplarisch haben wir hier vier Gemeinschaften vorgestellt. Es gibt weitere Neugründungen, oft mit internationaler Präsenz und auch in ökumenischer Offenheit.

5.6 Evangelische Gemeinschaften

Das Ordensleben ist keineswegs eine rein katholische Angelegenheit. Es gibt im deutschsprachigen Raum auch Evangelische Gemeinschaften für Frauen. Wir zeigen hier drei Beispiele:

Communität Casteller Ring
Diese geistliche Frauengemeinschaft im Kloster Schwanberg (Bayern, Deutschland) ist in der evangelisch-lutherischen Kirche begründet und ökumenisch vernetzt. Sie leben nach der Regel des heiligen Benedikt. Die Schwestern haben ihre Wurzeln in der Erneuerungsbewegung anfangs des 20. Jahrhunderts und im Bund Christlicher Pfadfinderinnen. Sie pflegen das Stundengebet und empfangen zahlreiche Gäste. Besonders wichtig für die Schwestern ist es gemäß ihrem Leitbild, „… in allem Gott suchen, Christus nichts vorziehen, das Leben unter der Führung des Evangeliums gestalten".

Diakonissen
Diakonissen werden evangelische Schwestern genannt, die in verbindlicher Form in einer Glaubensgemeinschaft unterwegs sind. Meistens im 19. Jahrhundert gegründet, engagieren sich ihre Mitglieder in verschiedenen Tätigkeitsfeldern wie der Seelsorge, in sozialen Aufgaben mit Kindern und Jugendlichen oder im Gästebereich. Überall leben sie, wie die ersten Mönche und Nonnen, im Rhythmus von Gebet und Arbeit.

Die evangelische Gemeinschaft von Grandchamp (hauptsächlich französischsprachig)

Die Kommunität von Grandchamp ist eine monastische Gemeinschaft von evangelischen Schwestern aus verschiedenen Ländern. Die ersten Schwestern begannen 1952 ein Engagement auf Lebenszeit. Sie orientierten sich nah an der Regel von Taizé. Heute zählt die Gemeinschaft mehr als fünfzig Schwestern. Diese sind in der Deutschschweiz und in der französischen Schweiz präsent, aber auch in Deutschland und den Niederlanden. Auf ihrer Website nennen sie folgende wichtige Akzente ihrer Berufung: „Das persönliche und das gemeinsame Gebet, die Meditation des biblischen Wortes, der Ruf zur Versöhnung, das gemeinsame Leben als Gleichnis der Gemeinschaft und das Teilen mit allen, die kommen. Die Kommunität will offen sein für alle, die einen Ort des Hörens und des Auftankens suchen."

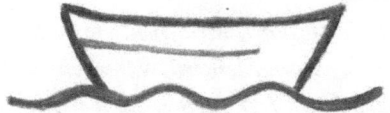

Vierter Impuls: Miteinander für etwas Grosses leben

Eine christliche Gemeinschaft wirkt auf viele anziehend. Und es ist wahr: Durch die Vielzahl von Persönlichkeiten und Talenten, die an einem Ort zusammenkommen, entsteht ein besonderer Reichtum. Viel Großes und Schönes wird durch die Gemeinschaft möglich, was für die Einzelnen allein unmöglich wäre. Ja, das Zeugnis der einzelnen Schwester könnte nie so stark sein wie das der Gemeinschaft. Miteinander stehen wir im Rhythmus von Gebet und Arbeit und lassen uns von ihm formen. Miteinander beleben wir einen Ort, der viele Menschen zu Gebet, Stille und Gottesdienst einlädt. Schön ist es auch zu wissen: Die Gemeinschaft trägt jede Einzelne. Was immer das Leben bringen mag: Jede kann auf die anderen zählen.

Immer wieder erfahren wir, dass Außenstehende von unserer Gemeinschaft beeindruckt sind. Keine von uns Schwestern ist indes in erster Linie wegen der Mitschwestern hierhergekommen. Jede hat irgendwann, irgendwo den Ruf Jesu vernommen. Dem ist sie gefolgt. Natürlich suchte auch jede von uns eine Gemeinschaft, in die sie hineinpasst, in der sie ihre Gaben einbringen kann. Doch es sind nicht menschliche Sympathien, die uns leiten. Im Gegensatz zu Partnerschaft und Ehe haben wir einander nicht ausgesucht. Wir sind bunt gemischt. Wir sind sehr verschieden. Wir haben Ecken und

Kanten und müssen immer wieder üben, mit unserer Verschiedenheit zu leben. Was uns verbindet und eint, ist etwas jenseits unserer menschlichen Beziehungen. Das gilt, nebenbei bemerkt, auch für eine gelingende Ehe.

Was verbindet dich mit den Menschen, die du liebst? Ein frisch verheiratetes Paar fragte den Meister: „Was sollen wir tun, damit unsere Liebe von Dauer ist?" Der Meister antwortete: „Liebt gemeinsam andere Dinge." (aus: Anselm Grün, Einfach leben. 365 Tagesimpulse von Anselm Grün, Herder 2012)

Unsere große Liebe, unsere gelebte Hingabe ist auf etwas jenseits unseres geschwisterlichen Miteinanders gerichtet. Auf etwas, was über uns hinausgeht. Das hilft uns, mit den Unterschieden umzugehen, mit Spannungen und Konflikten, die es überall gibt, wo Menschen zusammenleben. Es kann in einer Klostergemeinschaft durchaus Freundschaften geben. Aber das ist nicht der Grund, warum wir kommen, und nicht das Ziel, auf das wir uns ausstrecken. Miteinander bauen wir an etwas Großem, das unsere kleinen Kräfte übersteigt. Miteinander erwarten wir das immer neue Kommen Gottes in seine Welt.

Vor vielen Jahrhunderten arbeiteten drei Maurer an den Grundmauern einer Kathedrale. Einige Steine mussten, damit sie perfekt in die Mauer passten, mit dem Hammer bearbeitet werden. Ein Passant kam vorbei und fragte die drei, was sie da tun. „Das sehen Sie doch", erwiderte der erste mürrisch. „Ich bearbeite einen Stein." Und der zweite Maurer, der das gleiche tat, sagte eifrig: „Ich errichte eine Mauer." Der dritte Maurer allerdings antwortete stolz und nachdenklich: „Ich baue eine Kathedrale." (Verfasser unbekannt)

6

WARUM ENTSCHEIDEN SICH
FRAUEN FÜRS ORDENSLEBEN?

„Mein vorheriges Leben war nicht falsch. Da war aber das Gefühl, dass noch mehr auf mich wartet." Wir haben acht Frauen gebeten, uns von ihrem Weg in den Orden zu berichten. Bewusst haben wir Frauen aus unterschiedlichen Glaubensgemeinschaften, aus der Schweiz und aus Deutschland und auch ganz unterschiedlichen Alters gewählt. Anhand der acht Berichte lässt sich eines sagen: Jeder Weg ist individuell und muss selbst gegangen werden. Der Lohn für den vielleicht schwierigen Weg ist es, persönliche Erfüllung in einer Gemeinschaft zu finden, überhaupt, Gemeinschaft unter Gleichgesinnten erleben zu dürfen. Unsere Frauen sind zwischen 25 und 85 Jahren alt und stehen an ganz verschiedenen Stationen ihres Lebens im und für den Glauben. Wir haben eine junge Frau befragt, die mit dem Gedanken spielt, sich für das Leben in einer klösterlichen Gemeinschaft zu entscheiden, eine, welche diese Entscheidung kürzlich getroffen hat. Und wir lesen von Frauen, die bereits seit vielen Jahren Teil einer religiösen Gemeinschaft sind. Die bereits den Großteil ihres Lebens ihrem Glauben gewidmet haben. Alle vereint die Sehnsucht nach der Nähe zu einem gelebten Glauben, der sich mit ihrer Person vereinbaren lässt. Alle vereint auch der Wunsch nach der Nähe zu bestimmten religiösen Aspekten. Oftmals ist dies die Eucharistiefeier, aber auch das rhythmisierte Leben des Klosters. Von diesem erhoffen sie sich

Freiheit im Geiste, die Entlastung von täglichen Entscheidungen und die Konzentration auf das wesentliche Element des gelebten Glaubens. Worin dieses für die Einzelne besteht, kann sich unterscheiden. Ob kontemplativ oder missionarisch, der tiefe Glaube wird als Weg zu innerem Frieden und innerer Freiheit empfunden. Zum Menschsein auf einer Ebene, die sich von materiellen und äußerlichen Einflüssen weitestgehend lösen konnte. Allen, die sich mit Engagement und gutem Willem unserem Projekt gewidmet haben, gilt unser Dank. Im Gegensatz zur sich hartnäckig haltenden landläufigen Meinung sind die allermeisten Schwestern in den Glaubensgemeinschaften unglaublich viel beschäftigt und erleben nebst erfüllten auch sehr volle Tage! Umso mehr wissen wir das Geschenk der Zeit, welche es gebraucht hat, die eigenen Geschichten zu Papier zu bringen, enorm zu schätzen. Vielen Dank an dieser Stelle für die Offenheit in den Gesprächen und auch für die ermutigenden und aufbauenden Worte zu unserem Projekt.

6.1 Ich führe mein Leben einfach weiter

Schwester Mariae Laetitia, 34 Jahre
Zisterzienserinnenabtei St. Marienstern

Die Zisterzienserinnenabtei St. Marienstern liegt in der sächsischen Oberlausitz und ist seit ihrer Gründung im Jahr 1248 ohne Unterbrechung besiedelt. Die Nonnen widmen sich vor allem dem feierlichen Stundengebet und arbeiten in verschiedenen Bereichen in Haus und Garten. Im Klosterladen verkaufen sie u. a. auch Liköre aus eigener Produktion. Außerdem ist St. Marienstern Ort und Träger von Einrichtungen für Menschen mit Behinderung. Zehn Schwestern mit Feierlicher Profess leben in der Klostergemeinschaft. Schwester Mariae Laetitia ist mit 24 Jahren in St. Marienstern eingetreten.

„Als ich ein halbes Jahr nach meinem Diplom in das Kloster einzog, in dem ich heute lebe, hatte ich eine Menge Gepäck dabei. Was ich allerdings nicht im Koffer hatte, war eine spektakuläre Berufungsgeschichte. Bei mir gab es keinen großen Knall, keine Bekehrung, kein Aha-Erlebnis, keine Lebenswende, keine Enttäuschung, die mich ins Kloster trieb. Ich bin angekommen mit der großen Frage, ob ich als Nonne leben kann und soll. Diesen Gedanken hatte ich über Jahre nicht aus dem Kopf bekommen. Nach endlosen Grübeleien, Gebeten, Für- und Wider-Abwägungen war der Punkt erreicht, an dem nichts mehr half. Entweder würde ich es ausprobieren oder es nie erfahren. Der Zeitpunkt war gut: jetzt oder nie. Ich war nach dem Studium alt genug, um auf dem Hintergrund eigener Lebenserfahrung reife Entscheidungen treffen zu können. Und ich war jung genug, um mich im Orden formen zu lassen. Jung genug auch, um andernfalls neue Wege einschlagen zu können. Es gab Signale: Es gab Leute, die mich gut kannten und mir das zutrauten. Meine Freunde und meine Familie fanden es weder super toll noch super doof, dass ich Nonne werden wollte. Das gab Gelassenheit und Freiraum. Zu ihnen hätte ich jederzeit kommen können. Ich hätte wieder austreten können, ohne ‚gescheitert‘ zu sein, und ich musste umgekehrt auch keinem beweisen, dass ich ‚es schaffen könnte‘.

Es kamen einige positive Punkte zusammen: Ich musste nicht nach dem Ort suchen. Als Kind hatte ich von diesem Kloster erfahren, und seitdem war es ‚mein‘ Kloster. So kam nie die Frage auf, wo ich eintreten würde, welche Ordensgemeinschaft die richtige für mich sei. Wenn, dann hier. Wenn hier nicht, dann nirgendwo anders. Regelmäßiges Gebet im Alltag zu verankern, ist eine Herausforderung. Dass das feierliche Stundengebet hier einen festen Platz hat, ist für mich daher eine große Hilfe und ein Luxus, auf den ich nicht verzichten möchte. In einem Buch fand ich die Regel des Heiligen Benedikt und habe sie fasziniert gelesen, immer wieder. Weisheit und kluges Maßhalten habe ich darin entdeckt und ahnte: Nach dieser Anleitung kann man sein Leben mit Gott und den Menschen gut gestalten. Ich bin ein Typ, der Gemeinschaft braucht. Um zu wachsen und mich zu verändern, brauche ich Andere. Besonders die, die mich spiegeln oder an denen ich mich abarbeite. Aber ich bin auch gern allein. Im Kloster gibt es beides: Gemeinschaft und Einsamkeit. So manches deutete darauf hin, dass ich als Zisterzienserin leben könnte. Trotzdem war ich keine graue Kirchenmaus, ein braves Mädchen schon gar nicht. Mit Leidenschaft ministrieren und mit Leidenschaft Motorrad fahren, auf Bikertreffen mit den ‚harten Jungs‘ saufen und früh in die Messe gehen – für mich kein Widerspruch. Das und noch viel mehr gehört zu meiner Welt.

Ich hatte nie das Bedürfnis, mein Leben umzukrempeln. Im Gegenteil: Ich empfinde es als große Kontinuität. Natürlich habe ich mich entschieden und tue vieles nicht mehr, habe manche Rollen abgelegt. Aber ich habe mich selbst ins Kloster mitgenommen. Das geht gar nicht anders. So wie ich bin, bin ich Nonne. Ich durfte so kommen, wie ich bin, und mich einfügen und formen lassen. Mit dem Klostereintritt habe ich mich weder ‚von der Welt abgewandt‘ noch ‚ein neues Leben begonnen‘. Ich führe mein Leben einfach weiter. Wer also eine ‚Berufungsgeschichte‘ von mir hören will, den muss ich enttäuschen. Für mich gilt, wozu Gott jeden Christen ruft: daran mitzuarbeiten, dass das Reich Gottes auf Erden wachsen kann – in welcher Lebensform auch immer.“

6.2 Ich und Kloster?

Ingrid Kirchmann, 35 Jahre
Kandidatin im Kloster Mariazell Wurmsbach seit Mai 2022

Das Kloster Mariazell Wurmsbach ist sehr idyllisch gelegen am Oberen Zürichsee in der Schweiz. Die Zisterzienserinnenabtei wurde 1259 gegründet. Die Schwestern (35- bis 86-jährig) legen Wert auf eine lebendige Gestaltung der Liturgie und pflegen eine große Offenheit für Menschen. Sie leben nach der Benediktsregel und den Satzungen des Zisterzienserordens. Bis 2021 führte das Kloster ein Mädcheninternat. Jugendbildung war während 178 Jahren im Fokus. Heute engagieren sich die Schwestern in verschiedenen Angeboten im Gästehaus, insbesondere für junge Erwachsene. Außerdem arbeiten sie im Klostergarten, kreieren Produkte für die Boutique und sind auch weiterhin aktiv tätig im Bildungsbereich. Das Kloster ist ein Ort der Stille, der Spiritualität und der Begegnung.

„Ich und Kloster? Noch vor fünf Jahren hätte ich diese Frage aus voller Überzeugung mit ‚nein‘ beantwortet. Ich übte einen spannenden Ingenieursjob in der Luftfahrtbranche aus und war in mehreren Ehrenämtern in Kirche und Gesellschaft tätig. Wichtig war mir schon immer, dass ich der Gesellschaft und meiner Heimat etwas zurückgeben konnte – aus Dankbarkeit für die von Gott empfangenen Talente. Ich kam das erste Mal in Kontakt mit einem Zisterzienserinnenkloster, als ich eine Woche Exerzitien suchte. Von dieser Woche bin ich extrem beschenkt und begeistert nach Hause gefahren. Dort kam ich das erste Mal in Kontakt mit der Lebensform einer religiösen Gemeinschaft. Ich fand es spannend. Es war jedoch noch keine Option für mich. Ich dachte, durch meine vielfältigen Aufgaben von Gott einen Auftrag in der Welt erhalten zu haben, und lebte weiter ein Leben ‚auf der Überholspur‘.

Jedoch, auch wenn mir das noch nicht bewusst war, ist damals der Prozess der Sinnsuche ausgelöst worden. Die Veränderung vollzog sich langsam. Ich spürte, dass mir meine Aufgaben und mein Engagement nicht mehr so leicht von der Hand gingen. Auch konnte ich nicht mehr einen bedingungslosen Sinn in der Ausführung meiner Ehrenämter und meiner Arbeit erkennen. Dieses Gefühl war mir völlig fremd. Ich suchte Kontakt zu der Ordensschwester, die mich während meiner Exerzitien begleitet hatte. Der Wunsch nach einer intensiven geistlichen Begleitung war groß, auch wenn ich noch nicht daran denken konnte, dass der Weg zu einem Eintritt ins Kloster führen könnte. Ich empfand es lediglich als logische Schlussfolgerung in meiner Umbruchs- und Findungsphase, Hilfe in dieser Begleitung zu suchen. In den Gesprächen mit der Ordensschwester wurde klar, was ich seit Monaten spürte, mir aber einzugestehen schwerfiel: Das bisherige Leben war zwar meines, und ich habe es voller Leidenschaft gelebt, aber es ist nicht mehr mein zukünftiges.

Ich musste von meinen bisherigen Werten und Vorstellungen Abschied nehmen. Ich wollte den Blick weiten – zunächst mit offenem Ausgang. Sehr bald kreisten meine Gedanken jedoch immer öfters in Richtung Klosterleben.

Bei einer Predigt zum Matthäusevangelium, Kapitel 19, Vers 27–29 fühlte ich mich direkt angesprochen: „Da antwortete Petrus: Du weißt, wir haben alles verlassen und sind dir nachgefolgt. Was werden wir dafür bekommen? Jesus erwiderte ihnen: Amen, ich sage euch: Wenn die Welt neu geschaffen wird und der Menschensohn sich auf den Thron der Herrlichkeit setzt, werdet ihr, die ihr mir nachgefolgt seid, auf zwölf Thronen sitzen und die zwölf Stämme Israels richten. Und jeder, der um meines Namens willen Häuser oder Brüder, Schwestern, Vater, Mutter, Kinder oder Äcker verlassen hat, wird dafür das Hundertfache erhalten und das ewige Leben gewinnen." – Nichts konnte mich mehr von diesem Gedanken ablenken. Ja, es machte sich eine Euphorie und Erleichterung angesichts dieser Perspektive breit. Jedoch war mir klar, dass ich niemals die eine Tür des bisherigen Lebens zumachen und sofort die nächste, die Klostertür, aufmachen darf. So ein Schritt musste für mich wohlüberlegt sein, und außerdem schien mir etwas Abstand zu meinem bisherigen Leben gut zu Gesicht zu stehen. Noch fiel es mir schwer, meine beruflichen und ehrenamtlichen Verpflichtungen loszulassen. Ich gab schließlich einen Großteil meiner Ehrenämter ab und entschied mich, zu kündigen. Ich schuf mir Raum für einen freien Sommer. Den Herbst wollte ich in aller Offenheit mit einer Findungsphase angehen. Der Klostergedanke war zwar omnipräsent, aber in der Rückschau habe ich ihn nach der anfänglichen Euphorie auch manchmal verdrängt.

Im Juni 2021 weckte das Angebot „Auszeit für junge Menschen" des Klosters Mariazell Wurmsbach meine Aufmerksamkeit. Ich spürte sofort, dass ich mich an diesem Ort und von allem weg vom bisherigen Leben mit meiner Zukunft befassen wollte. Rückblickend war es für mich von entscheidender Bedeutung und ein Geschenk des Himmels, dass ich drei Monate Zeit für die Entscheidung zu meiner Zukunft hatte. Vor allem auch, dass ich diese Phase aus dem gewohnten Umfeld und den immer noch zahlreichen Verpflichtungen und Verflechtungen verbringen durfte. Jedoch verlangte ich von mir keinesfalls, dass nach drei Monaten eine definitive Entscheidung gefällt oder gar ein konkreter Plan gefasst sein musste. Diese Rechnung hatte ich aber offensichtlich ohne den Herrn gemacht! Gefühlt hatte er mich endlich an den richtigen Ort gebracht, und er war nicht gewillt, mich nochmal auskommen zu lassen! Bereits in der zweiten Woche meiner Auszeit in diesem klösterlichen Umfeld hatte mich der konkrete Gedanke an einen Klostereintritt mit voller Wucht eingeholt. Es folgten Wochen intensiven Ringens in enger geistlicher Begleitung der Äbtissin. Während ich diesen inneren Weg gehen durfte, machte ich zunehmend die Erfahrung, dass die weltlichen und materiellen „Gegenargumente" an Bedeutung verloren. Irgendwann hatte ich genug abgewogen und gerungen und wusste, dass ich den Schritt mit einem großen Vertrauensvorschuss dem Herrn gegenüber tun will. Ich sehe es dabei als großes Geschenk an, mit dem „Ja" zum Klosterleben auch das „Ja" zur Gemeinschaft in Wurmsbach gespürt zu haben."

6.3 Menschwerdung

Schwester Marie-Sophie Schindeldecker OSF, 50 Jahre Provinzoberin, Kongregation der Franziskanerinnen von Sießen, Deutsche Provinz, Sießen

Die Franziskanerinnen von Sießen, in der Nähe von Bad Saulgau im südlichen Baden-Württemberg, leben die Nachfolge Jesu in der Form der drei Gelübde im franziskanischen Geist. Die Schwestern verbindet die Überzeugung, in diese Lebensgemeinschaft von Gott gerufen zu sein, um gemeinsam Jesus Christus nachzufolgen in den Fußspuren des hl. Franziskus und der hl. Klara.

Das Mutterhaus der gesamten Kongregation ist in Sießen. Die Schwestern leben hier oder an anderen Orten in Deutschland, Brasilien und Südafrika, einige auch in Schweden und Italien. Die Größe der Niederlassungen und die Arbeitsbereiche können verschieden sein, entsprechend den Berufen der Schwestern und der Anfragen an die Gemeinschaft. Aus unterschiedlichen Gründen kann eine Schwester auch längere oder kürzere Zeit alleine leben.

„Im kommenden Jahr werden es 30 Jahre, seit ich mich für den Eintritt in meine Gemeinschaft entschieden habe. Wenn ich auf diese Jahre zurückblicke, kann ich freien Herzens sagen, dass in dieser Lebensform für mich in den Jahren eine ganz lebendige und intensive Lebensgestaltung möglich war. Intensives Leben beinhaltet für mich, dass es viele Herausforderungen und auch Krisen gab, aber das Wertvolle darin war, dass es immer darum ging, die Blickrichtung auf Gott hin neu zu finden, mich mit meiner ganzen Kraft und Energie in die mir anvertrauten Aufgaben hineinzugeben und meinen Platz in meiner Gemeinschaft zu suchen und zu finden. Als Überschrift über mein gelebtes Ordensleben würde ich für mich das Wort

‚Menschwerdung' entscheiden. Rückblickend war ich noch sehr jung, als ich mit 21 Jahren um die Aufnahme in die Gemeinschaft bat, aber ich spürte – und diese Gewissheit hatte ich immer –, dass dies der Weg ist, den Gott für mich will und auf dem Er mit mir ist.

Während meiner Ausbildung zur Erzieherin war ich mit der Frage konfrontiert, wie ich mein Leben mit Gott leben, wie ich es gestalten will. Ein für mich existenzieller Wendepunkt war in dieser Zeit auch die Entscheidung, zum katholischen Glauben zu konvertieren. Hier war die Bedeutung der Eucharistie für mich ausschlaggebend. Der lebendige, allmächtige Gott gibt sich im Brot des Lebens für uns hin, und er vertraut sich uns an, indem er sich uns in die Hände gibt. Er macht sich klein, verwundbar, verletzlich für uns. So wie er sich in seiner Menschwerdung selbst geschenkt hat, als kleines bedürftiges Kind. Es hat mich fasziniert, dass Frauen, um eines größeren Zieles willen, zusammenleben. Ein gemeinsames Leben mit Gott in der Mitte – diese Vorstellung zog mich an und verunsicherte mich zugleich.

In unserer Gemeinschaft gab es zwei Säulen, die mich sehr angesprochen haben: die eucharistische Anbetung und das Leben mit dem Wort Gottes. Das Betrachten des täglichen Schriftwortes beeinflusste mehr und mehr mein Leben. Da spürte ich die stärker werdende Frage, ob ein Leben als Ordensfrau meine Lebensform sein könnte. Ich war angezogen, und gleichzeitig konnte ich mir ein Leben in den Gelübden für mich nicht vorstellen. Ein Leben, in dem ich Armut, gottgeweihte Keuschheit und Gehorsam verspreche. Den Gedanken, ein einfaches und eheloses Leben zu führen, konnte ich gerade noch zulassen, aber die Vorstellung im Gehorsam zu leben, war für mich, der Freiheit viel bedeutete, eher schwieriger. Trotzdem hat mich Gott nicht losgelassen, und in mir klärten sich die Fragen in einem Schriftwort aus dem Matthäusevangelium (Matthäus 14,25–33). Petrus glaubt den Worten Jesu. Er sagt zu ihm: ‚Herr, wenn du es bist, so befiehl, dass ich auf dem Wasser zu dir komme.' Petrus kann auf dem Wasser gehen, das Unmögliche bzw. das Unvorstellbare wird wahr. Solange er auf Jesus ausgerichtet ist, geht auch alles gut. Als er den Blick abwendet und auf die Tiefe des Wassers schaut, beginnt er zu sinken. Jesus ist sofort da und ergreift seine Hand und rettet ihn. Dieses Bild hat mir geholfen, mich zu entscheiden, es zu wagen, mich auf einen Weg in meiner Gemeinschaft einzulassen, weil mir klar wurde – Ordensleben kann nur tragen, wenn ich es im klaren Blick auf IHN hin lebe. Diese Erfahrung wurde zur Gewissheit und hat mich vertrauensvoll und gelassen meinen Weg in Freiheit weitergehen lassen und getragen. Ich kann aus ganzem Herzen sagen, dass ich das Leben in den Gelübden als ein Leben in Fülle erfahre.“

6.4 Auf den Weg einlassen

Eine junge Frau, 25 Jahre

Aufgewachsen in einer deutschen Großstadt, fernab von klösterlichem Leben. Eine überraschende Weggabelung ihre Planes für ihr eigenes Leben bescherte ihr die erste persönliche Begegnung mit Ordensfrauen. Und auf einmal war sie selbst mittendrin – im Leben in einem Kloster.

„Ähm … also … ich finde das ja cool, wenn junge Leute eine Auszeit im Kloster machen. Aber … was machst du denn da den ganzen Tag? Lebst du da mit den Schwestern und betest mit ihnen?, – Ja, ungefähr das und noch viel mehr!

Skepsis, große Augen und fragende Blicke sind keine Seltenheit, die mir entgegengebracht werden, wenn ich ‚mal wieder‘ von einem Aufenthalt in einem Kloster berichte. Ob Tage, Wochenenden, Wochen oder sogar mehrere Monate, seit einigen Jahren zieht es mich immer wieder für kurze oder längere Auszeiten ins Kloster. Es tut mir gut, zwischendurch meinen Alltag zurückzulassen und Abstand zu gewinnen. Abstand zum stressigen Studien- oder Arbeitsalltag, Abstand zu meinen eingefahrenen Routinen und Gewohnheiten. Es lässt mich eintauchen in Strukturen, die mir durch festgelegte, wiederkehrende Gebetszeiten eine innere Ruhe geben, die ich anderswo nur schwer finde, und es hilft mir, mich auf das Wesentliche zu fokussieren.

Mein allererster Kontakt zu einem Kloster sah dagegen ganz anders aus. Nach dem Abitur wollte ich einen Freiwilligendienst in einem Altenheim in Frankreich machen. Mein Traum für das Leben neben der Arbeit: endlich ohne Schulstress und vor allem ohne elterliche Kontrolle Land und Leute kennenlernen und meine neugewonnene Freiheit voll ausleben. In Frankreich angekommen, stand ich vor einem Kloster. ‚Herzlich willkommen in deinem neuen Leben, das Kloster der *Schwestern vom Göttlichen Erlöser* wird nun für die nächsten 10 Monate dein Zuhause sein.‘ – Auf einen Schlag war mein Traum zerplatzt. Dachte ich. Ein Leben im Kloster gehörte nun wirklich nicht zu dem, was ich mir für meine Zukunft ausgemalt hatte. Auch nicht für 10 Monate, eigentlich noch nicht mal für eine Woche und schon gar nicht, ohne dass ich vorher gefragt wurde. Doch Gott scheint einen Plan gehabt zu haben. Nach einer intensiven Phase des Ankommens und Einlebens, die geprägt war von Zweifeln und Unsicherheiten, ob ich das aushalten würde und so die nächsten Monate leben könnte – ich hatte ein großes Unverständnis für solch eine doch sehr spezielle Lebensform, die Verzicht auf so vieles bedeutet, was bis dato in meinen Augen zu einem ‚normalen Leben‘ dazugehörte –, lernte ich das Zusammenleben mit den Ordensschwestern, von denen die meisten weit über 70 waren, mehr und mehr zu schätzen. Mein Auslandsaufenthalt verlief nun etwas anders, als ich es mir vorher ausgemalt hatte. Aus 10 Monaten wurden 2 Jahre, und der Abschied fiel niemandem leicht, mir am allerwenigsten. Die Lebensgeschichten der Schwestern haben mich fasziniert, und die Fülle an Erfahrungen und Lebensweisheiten, die mir mit auf den Weg gegeben wurden, begleiten mich bis heute.

Wieder in Deutschland angekommen, war das klösterliche Leben recht schnell wieder aus meinem Alltag verschwunden. Doch die Sehnsucht blieb, Gott ließ nicht locker. Während meines Studiums der Religionspädagogik und Sozialen Arbeit gab es aufs Neue verschiedenste Berührungspunkte mit Klöstern, auch in Seminaren. Mir wurde immer wieder bewusst, dass mir etwas in meinem Leben, so wie ich es jetzt lebte, fehlte. Die Frage nach einer Berufung wurde mal mehr, mal weniger präsent, doch ließ sie mich nicht mehr ganz los. Kurz vor Ende meines Studiums habe ich mir eine dreimonatige Auszeit genommen. Um Kraft zu tanken für den Endspurt und für meine erste Stelle, die mich im Anschluss an mein Studium schon erwartete. Um neue Erfahrungen zu sammeln und neue Facetten klösterlichen Lebens zu entdecken. Um herauszufinden, wie ich leben möchte. So lebte, betete und arbeitete ich in einer kleinen Auszeit-Gruppe für 3 Monate in einem Zisterzienserinnen-Kloster in der Schweiz mit. Das war eine wahnsinnig tolle, lebendige und bereichernde Zeit voller schöner Begegnungen mit Menschen und mit Gott. Eine Zeit, in der Gott mich wieder einmal überrascht und nicht mehr losgelassen hat. Ohne den Gedanken im Kopf gehabt zu haben, nach der Auszeit eine Antwort zu haben, wurde der Gedanke, ob ich mir ein Leben im Kloster für mich vorstellen kann, konkreter denn je. Die Frage traf mich noch einmal mit voller Wucht und hat mir nach einigen Momenten des Ringens und Zweifelns, des Überlegens und der Überprüfung gezeigt, dass ich es nicht mehr von mir wegschieben will oder verleugnen kann: Ich möchte mich nun ganz auf den Weg einlassen, den Gott für mich bereithält, und mich tiefer auf die Suche begeben. Auf die Suche nach einem Ort, an dem Gott mich haben will, und nach einer Gemeinschaft, in die ich hineinpasse."

6.5 Ich habe für mich die richtige Wahl getroffen

Schwester Ingrid Grave OP, 85 Jahre
Kloster Ilanz

Das Kloster Ilanz findet man im schweizerischen Kanton Graubünden. 1865 gegründet, schloss sich die Gemeinschaft 1894 dem Dominikanerorden an. Die Ilanzer Dominikanerinnen sind seit 1952 in Brasilien besonders in Sozialarbeit und Seelsorge tätig. Seit der Gründung sind die Aufgaben in Schul- und Erwachsenenbildung sowie Krankenpflege weitergetragen worden.

Heute konzentriert sich ihr Wirken auf das Haus der Begegnung in Ilanz mit dem Forum für Friedenskultur, mit Bildungsangeboten und der geistlichen Begleitung von suchenden Menschen. Außerhalb der Schweiz sind es taiwanesische und brasilianische Schwestern, die in ihren jeweiligen Heimatländern im Geist des heiligen Dominikus den Menschen zu begegnen suchen.

„Meine frühe Kindheit fiel in die Zeit des Zweiten Weltkriegs. Wir wohnten in Norddeutschland, abseits auf dem Land, weitgehend verschont vom Kriegsgeschehen. Gleichwohl ist die Angst um das Überleben, die Sorge um Verwandte in den Städten oder an der Kriegsfront mitgeschwungen bei uns Kindern. In unserem Dorf gab es an der Kirche eine Schwesterngemeinschaft der Ilanzer Dominikanerinnen. Die Kontakte zu den Schwestern waren unkompliziert und für mich zweifellos prägend. Mit dem Eintritt in die Volksschule 1943 erhielten wir Erstklässler auch unseren ersten Religionsunterricht, und zwar im kleinen Pfarrsaal. Eine junge Dominikanerin erzählte uns spannende Geschichten aus der Bibel. Der Nationalsozialismus hatte das Fach Religion im Stundenplan öffentlicher Schulen gestrichen. Ab 1948 besuchte ich als Fahrschülerin die von Ordensschwestern geführte höhere Mädchenschule in der Kleinstadt. Am staatlichen Gymnasium waren keine Mädchen zugelassen.

Nach meinem Schulabschluss 1954 arbeitete ich die meiste Zeit im elterlichen Betrieb mit. Ich war die älteste von sieben Geschwistern. Während dieser Jahre ist der Gedanke an einen Klostereintritt nicht ernsthaft aufgetaucht. Gleichwohl war ich interessiert am religiösen Leben, jedoch mit einer gewissen inneren Distanz. Was ist echte Frömmigkeit? Und der rasch wachsende Wohlstand der Nachkriegszeit, das konnte doch nicht der eigentliche Sinn des Lebens sein! Natürlich stellten sich in diesem Lebensabschnitt auch Fragen nach einer Beziehung und einer zukünftigen Familie.

Den leisen, immer wiederkehrenden Gedanken an ein Leben im Kloster habe ich geschickt verdrängt, doch letztlich erfolglos. Ich entschied mich, diesen anderen Weg zumindest zu probieren. Von diesem Moment an stellte sich innere Ruhe ein. Ich wagte den Eintritt ins Kloster, und zwar im Mutterhaus der Dominikanerinnen in Ilanz. Damit machte ich mich auf den Weg in die völlig unbekannte Schweiz. Ich wusste nicht sehr viel über den Dominikaner- oder Predigerorden, wohl aber kannte ich außer den Schwestern auch einige Brüder dieses Ordens. Was sie ausstrahlten, zog mich an: Weltoffenheit, Suche nach Wahrheit, hatte ich doch in ihrem Ordenswappen das Wort *veritas* entdeckt. Dem wollte ich nachgehen und in meinem Leben der Welt jene Wahrheit kundtun, die ich nach und nach in den Schriften des Evangeliums entdecken würde. Im Rückblick auf mein Leben darf ich sagen: Ich habe für mich die richtige Wahl getroffen."

6.6 Auf der Suche nach gelungenem Leben

Schwester Dorothea Maria Oehler, 64 Jahre
Barmherzige Schwester vom heiligen Kreuz, Kloster Hegne

Das Kloster Hegne liegt im Süden Deutschlands am Bodensee. Die Provinz der Gemeinschaft der „Barmherzigen Schwestern vom heiligen Kreuz" wurde 1895 gegründet und steht in der Tradition des heiligen Franz von Assisi. Heute arbeiten die Schwestern u. a. in Schulen, Heimen und Altersheimen. Das Mutterhaus befindet sich in Ingenbohl in der Schweiz. Die barmherzigen Schwestern vom heiligen Kreuz wirken heute in 18 Ländern, in West- und Osteuropa, in den USA, in Indien, Taiwan, Brasilien und Uganda.

„Meine Berufung, als junge Frau in eine Ordensgemeinschaft einzutreten, spürte ich beim Pilgern mit 23 Jahren. Eine Partnerschaft bzw. Ehe einzugehen, erlebte ich als für mich nicht stimmig. Ich wünschte mir mehrere Kinder, doch es kam anders. Nachdem ich mein Studium beendet hatte, fragte ich mich und Gott, was er mit mir vorhatte. Ich hatte mehrere berufliche Möglichkeiten, die Türen standen offen. Zusammen mit Jugendlichen war ich als Pilgerin unterwegs. Durch ein Lied, das mich innerlich berührte, bekam ich die Zusage: Du bist gerufen, Maria; ich zeige dir den Weg und gehe mit dir …! Ich war auf der Suche nach gelungenem Leben. Durch Begegnungen und Erfahrungen in unterschiedlichen Klöstern, z. B. bei Besinnungstagen, spürte ich, dass mich ein Leben in eine Gemeinschaft lockte und ich es mir vorstellen konnte, als Ordensfrau zu leben. Dass es eine franziskanische Gemeinschaft sein musste, war mir schnell klar.

Die Spiritualität des hl. Franziskus, seine Naturverbundenheit, seine Art, das Evangelium zu leben, in die Fußspuren des gekreuzigten und auferstandenen Jesus zu treten und ihm zu folgen, wurde mir ins Herz gelegt. Bei einer Professfeier fühlte ich mich angesprochen, ja berührt durch die Atmosphäre, die stärkenden Worte und die vertrauenswürdigen Schwestern. Für mich war das Hören auf Gottes Stimme wichtig und das Gespräch mit meinem geistlichen Begleiter. Das Beten um Erkenntnis für meinen eigenen Lebensweg und das Hören und Ernstnehmen auf meine Träume gaben mir Hinweise. Die Probezeit, die Ausbildungszeit hat mir geholfen, ins Ordensleben hineinzuwachsen.

Am Ordensleben fasziniert mich das gemeinsame Unterwegssein mit anderen Ordensschwestern, die sich von einem leidenschaftlichen Gott als einzelne gerufen, geliebt und gesendet erfahren. Die Vielfalt und Buntheit unserer weltweiten internationalen Kongregation. Die Verbindung von Gebet und Arbeit, die Ausrichtung auf Jesus Christus. Das Angenommensein als Mensch, als Einzelne mit ihren Stärken, Fähigkeiten und Begabungen, und auch mit ihren Schwächen und Grenzen. Eine Gemeinschaft, die trägt, gerade auch in Zeiten von Krisen und Schwierigkeiten."

6.7 Der Herr zog mich still an sich und in mir wuchs die Liebe

Schwester Tanja, 44 Jahre
Gemeinschaft der Seligpreisungen in Zug seit 2014

Die Gemeinschaft der Seligpreisungen ist eine römisch-katholische, internationale Gemeinschaft. 1973 gegründet bestand die Gemeinschaft anfänglich fast nur aus Familien. Bald kamen Menschen hinzu, die sich zum geweihten Leben berufen fühlen. In Zug sind die Mitglieder der Gemeinschaft seit dem Jahr 2000 ansässig. Die Gemeinschaft der Seligpreisungen ist eine kirchliche Familie des geweihten Lebens. Alte, Junge, Singles, Geweihte und Familien finden ihren Platz. So setzt sich die Gemeinschaft aus Brüdern, Schwestern und Laien zusammen. Im Mittelpunkt des Lebens steht die Kontemplation. Ein besonderes Gebetsanliegen ist die Einheit aller Christen.

„Mit etwa sieben Jahren begann ich, meine Großmutter zur heiligen Messe zu begleiten. Dort öffnete sich mein Herz für Gott, und ich fing an, mit Ihm zu sprechen. Der Herr zog mich still an sich und in mir wuchs die Liebe zu Ihm und der Wunsch, mich Ihm als Ordensschwester ganz zu schenken. Doch die Jahre vergingen, ich entfernte mich zunehmend von Gott und legte diesen Wunsch beiseite.

Erst 25 Jahre später fand ich durch Gottes Gnade und durch Maria wieder zum Glauben zurück. Ich arbeitete zu dieser Zeit als Primarlehrerin. Ich fing an, mein Leben „aufzuräumen", die Bibel zu lesen, die Heilige Messe zu besuchen und in die eucharistische Anbetung zu gehen. Ziemlich schnell spürte ich wieder diesen Wunsch in mir, allein dem Herrn zu gehören. Eine Begegnung mit einer geweihten Schwester ließ mich die Schönheit der Berufung zum geweihten Leben erahnen, denn sie strahlte viel Freude und eine innige Liebe aus. Fortan besuchte ich verschiedene Klöster, machte Pilgerreisen, sprach mit einem Pater und einem Freund über meine mögliche Berufung und spürte, wie in mir die Sehnsucht, eine ,Braut Christi' zu werden, immer stärker wurde. So begegnete ich auf einer Pilgerreise der Gemeinschaft der Seligpreisungen. Mich berührten die Echtheit und die Freude, mit welcher diese Brüder, Schwestern und Laien den Glauben gemeinsam lebten. Hier fand ich alles, wonach mein Herz sich sehnte, vor allem das tägliche innere Gebet vor dem Allerheiligsten.

Auf der Suche nach dem Willen Gottes rang ich noch weitere zwei Jahre und lernte, nach meinen tiefsten Sehnsüchten zu fragen: Wie gerne würde ich mich ganz Jesus weihen und diese Weihe mit Brüdern und Schwestern gemeinsam erleben! So entschied ich mich für diesen Weg und fragte den Herrn, ob Er damit einverstanden sei. Eine tiefe Freude und Frieden erfüllten mich. So trat ich ein Jahr später in Zug in die Gemeinschaft der Seligpreisungen ein. Heute, nach nun bald acht Jahren Gemeinschaftsleben, kann ich rückblickend sagen, dass ich noch nie so glücklich war in meinem Leben. Danke, Herr Jesus!"

6.8 Gott geht mit

Schwester Josefa Maria, 38 Jahre
Kongregation der Barmherzigen Schwestern vom hl. Vinzenz von Paul
Mutterhaus München

> Die Barmherzigen Schwestern stehen in der Nachfolge des Hl. Vinzenz von Paul (1581–1660) und der Hl. Luise von Marillac (1591–1660). Die Liebe zu Gott zeigt sich für sie in der tätigen Nächstenliebe. Seit über 350 Jahren helfen und pflegen die Schwestern den Menschen dort, wo die geistliche und materielle Not am größten ist. Die Kongregation engagiert sich in der Obdachlosenhilfe und hat die Trägerschaft über soziale Einrichtungen, Krankenhäuser und Pflegeeinrichtungen. Die Schwestern setzen den Leitspruch „Liebe sei Tat" um.

„Mein Berufungsweg ist ein Weg über viele Jahre. Ich könnte es nicht an einem besonderen Ereignis festmachen, vielmehr war und ist es ein Weg voller Begegnungen und kleinen Fingerzeigen Gottes. Mit Mitte Zwanzig war da plötzlich dieser Gedanke, mein Leben ist einfach perfekt, ich hatte alles, wovon man träumen könnte, tolle Familie und Freunde, einen super Job, Gesundheit und Glück. Und trotzdem fehlte mir etwas, ich konnte lange nicht benennen, was mir denn eigentlich fehlt, wo ich doch alles hatte. Ich wusste nur, von meinem Glück möchte ich etwas weitergeben, es mit anderen teilen. Und so begann für mich ein Weg des Suchens: Ich habe mich ehrenamtlich in der Arbeit mit Behinderten und auch in der Flüchtlingshilfe eingesetzt und auch da gemerkt, mir fehlt noch immer etwas.

Bei der Firmung meiner Schwester hat mir diese große gemeinschaftliche Feier des Glaubens sehr gut getan und ich habe entdeckt, dass Glaube, in Gemeinschaft gelebt, eine echte Bereicherung ist.

Nach dieser ersten Zeit des Suchens wusste ich auf meinem Weg immerhin schon mal, ich möchte für andere Menschen da sein, und Glaube in Gemeinschaft ist was Schönes. So begann ich, Kontakt mit einer Ordensgemeinschaft aufzunehmen, und die Frage, ob das wohl auch was für mich wäre, ließ mich nicht mehr los. In einer zufälligen Begegnung mit einer Schwester hörte ich erstmals von den Barmherzigen Schwestern, und weil diese Schwester so eine innere Ruhe und zugleich ein inneres Feuer ausstrahlte, wollte ich mehr über diesen Orden wissen. ‚Liebe sei Tat‘ ist das bekannteste Zitat unseres Ordensgründers, und das hat mich ins Herz getroffen. Auf meinem Weg hilft mir die Gewissheit, Gott geht mit, und ich darf im Gebet, in meiner Quality Time mit Jesus, alles einbringen. Was mir selbst schwerfällt, tragen meine Mitschwestern im Gebet mit, und wenn ich erleben darf, dass ich anderen Menschen mit meinem Glauben und Leben helfen und sie motivieren kann, dann ist das ein riesiges Geschenk. Dafür bin ich dankbar.“

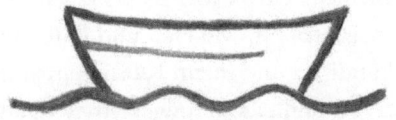

FÜNFTER IMPULS: DAS ÄUSSERE ABENTEUER UND DAS INNERE

„Du musst nicht über die Meere reisen, musst keine Wolken durchstoßen und nicht die Alpen überqueren. Der Weg, der dir gezeigt wird, ist nicht weit. Du musst deinem Gott nur bis zu dir selbst entgegengehen. Denn das Wort ist dir nahe: Es ist in deinem Mund und in deinem Herzen." Dies ist ein Wort des großen Heiligen Bernhard von Clairvaux, der zu seiner Zeit, im 12. Jahrhundert, Scharen von jungen Menschen dazu bewegte, sich der Zisterzienserfamilie anzuschließen und ein Leben im Kloster allen anderen Lebensoptionen vorzuziehen

Es ist etwas im Menschen, das ihn lockt und drängt, über sich hinauszuwachsen und über die ausgetretenen Pfade des kleinen Alltags hinauszugehen. Kein Wunder, dass den kleinen und den großen Abenteuern ein Zauber innewohnt. Es gibt viele abenteuerliche Geschichten, die davon erzählen, welche Anstrengungen Menschen unternommen haben, um ein großes Ziel zu erreichen: um an den Südpol zu gelangen oder an den Nordpol oder einen der höchsten Berge der Welt zu besteigen. Sie setzten alles auf eine Karte, um Himmelsstürmer zu werden. Sie glaubten daran, dass sie Grenzen überschreiten können.

Bernhard von Clairvaux wird nicht müde, in seinen Schriften von einem inneren Abenteuer zu erzählen. Wer einmal etwas davon geschmeckt hat, wer sich einmal ein paar Schritte hineingewagt hat, kommt nicht mehr davon los. Es kann sein, dass ein Mensch dann etwas so Verrücktes tut, wie Hab und Gut zu verkaufen, seine Arbeitsstelle zu kündigen und in ein Kloster einzutreten. Damit beginnt ein Weg, der von nun an in umgekehrter Richtung geht: nämlich nicht mehr in die Weite, sondern in die Tiefe. Er führt nicht in ferne, unbekannte Länder, sondern ist ein Hinabsteigen ins eigene Herz, wo – wie Bernhard sagt – Gott auf uns wartet. Es ist nicht ein Vorstoß ins Weltall, sondern die Wahl eines begrenzten Lebensraumes, ein Leben in engen Grenzen, das jedoch nach oben, auf den Himmel hin, offen ist. Nicht das Vielwissen schenkt uns die tiefste Erfüllung und Freude, sondern das Gott-Schmecken, nicht das äußere Abenteuer, sondern das innere.

Was alle Grenzgänger verbindet: Es braucht Disziplin, Ausdauer, Training und den Einsatz aller inneren und äußeren Kräfte, um ans Ziel zu kommen. Dieses Training bleibt keiner und keinem von denen, die Gott schmecken wollen, erspart – sei es im Kloster oder außerhalb. Denken wir daran, was es braucht, um sich auch nur eine halbe Stunde der Stille auszusetzen und auf Gott zu hören, was es braucht, um sich tagtäglich treu in das Evangelium zu vertiefen, wo uns Gott zu Herzen sprechen will. Doch genau da beginnt das innere Abenteuer, zu dem uns dieser große Heilige einlädt.

7

LEBEN IN EINER ORDENSGEMEINSCHAFT: WAS HEISST DAS TATSÄCHLICH?

7.1 Gemeinsam Gott suchen

Gott suchen. Und das gemeinsam. Was heißt das konkret? Wie kann ich Gott, die Quelle des Lebens, die Quelle der Liebe suchen? Wie bei jeder Suche ist es hilfreich, nicht allein zu suchen, sondern sich mit Gleichgesinnten zusammenzutun. Mit Menschen, die ebenfalls auf der Suche sind. Menschen, mit denen ich gemeinsam Gott, den Urgrund der Liebe, suchen kann. Im realen Alltag. Dies kann ich auf sehr verschiedene Weise: Da ist zum Beispiel eine junge Frau, welche regelmäßig in einer Taizégruppe mitsingt und mitbetet. Dabei spürt sie, dass sie getragen ist, auch in turbulenten Phasen ihres Lebens. Da ist eine Familienmutter, welche sich als Pfarreiratsleitende engagiert und dabei merkt, dass ihr kirchliches Engagement sie erfüllt. Da ist die Seelsorgerin, welche im Hospiz bei der Begleitung sterbender Menschen die beglückende Erfahrung macht, dass jeder Lebenstag ein kostbares Geschenk ist und sie durch ihr Da-Sein eine große Stütze ist für die Sterbenden und ihre Angehörigen. Da ist die Studentin, welche ein Masterstudium in Theologie absolviert. Auf dem Instagram-Account ihrer Uni zeigt sie, was sie an ihrer Arbeit liebt, und macht dadurch viele neue Begegnungen im „Real-Life". Da ist die Mitarbeiterin bei der ökumenischen Kampagne der Kirchen zum Thema Klimagerechtigkeit. Durch aufrüttelnde Texte ermöglicht sie Jugendlichen, sich mit den drängenden Themen der Zeit auseinanderzusetzen – auf der Grundlage christlicher Werte. Da ist die Organistin einer großen Pfarrei, die gemeinsam mit dem Pastoralteam ergreifende Gottesdienste gestaltet und dadurch Menschen neue Hoffnung gibt. Sie entdeckt Gottes Spur in der Schönheit der Musik. Da ist die Vorsitzende einer großen Firma, die gelebtes Christentum in den Mittelpunkt ihrer Verantwortung stellt. Gemeinsam mit ihrem Team fragt sie stets, wie die Firma in unserer Gesellschaft positiv wirken kann und was Jesus zu ihren Entscheidungen sagen würde.

Und da ist die junge Frau, die sich fragt, ob sie in einer klösterlichen Gemeinschaft ihren ganz persönlichen Ort findet, um Gott zu suchen – gemeinsam mit anderen Menschen. Sie fasst sich ein Herz und fragt für einige Schnuppertage an.

Immer geht es um eine der Grundfragen unseres Lebens: Wir möchten, dass unser Leben gelingt. Wir sehnen uns nach einem Leben, das Sinn macht – für uns selber, aber auch für andere. Wir suchen einen Ort, um unsere Talente zu entfalten und erfüllte Tage zu erleben. Wir möchten eine Zufriedenheit erfahren, die über ein kurzes Glücksgefühl hinausgeht. Zu-FRIEDEN-heit. Das könnte ein „Seelenfrieden" sein, der uns auch in stürmischen Zeiten trägt. Denn wie Jesus im Evangelium über den stürmischen See auf Petrus zugeht, so können auch wir gemeinsam mit Jesus durch unser – manchmal auch stürmisches – Leben gehen (vgl. Matthäusevangelium 14, 22–33). Was für eine Verheißung! Sie macht Mut.

Wir sind bei der Frage, wie wir Gott gemeinsam suchen können. Ein weiterer Mensch, der uns dies zeigt, ist eine Ordensfrau, welche in der Mitte ihres Lebens steht. Sie hat bereits ihre silberne Profess gefeiert. Das bedeutet, dass sie seit mehr als 25 Jahren in ihrer Klostergemeinschaft lebt. Ebenso wie die Frauen, welche vorher beschrieben wurden, ist sie mit vielen Menschen verbunden, besonders innerhalb ihrer „Klosterfamilie". Sie sucht Gott ebenfalls tagtäglich – und sie erlebt ihn. Ganz vielfältig – im bunten Lebensalltag. Die Schwester ist fasziniert davon, dem Ursprung der Liebe nachzuspüren. Sie erlebt einen „pulsierenden" Alltag, der durch seine rhythmisierte Struktur hilft, immer wieder über das Geheimnis Gott nachzudenken. Doch es geht nicht nur ums Denken, sondern vor allem ums Erleben: Durch die gemeinsamen Gebetszeiten, die persönlichen Zeiten der Stille, das Eintauchen in biblische Texte, den Austausch über die Worte Jesu in einem Evangelium und vieles mehr erlebt die Ordensfrau immer wieder neue Facetten von Gott. Sie staunt über Jesus, seinen so anderen Umgang mit Menschen, seine Appelle an unsere Nächstenliebe, seinen Aufruf zur konsequenten Nachfolge. Ihr Leben ist alles andere als langweilig. Der klösterliche Tagesrhythmus hilft dabei, sich nicht im Berufsalltag oder Freizeitstress zu verlieren. Der Tagesrhythmus bietet eine wohltuende Ausgewogenheit zwischen Betriebsamkeit und Stille, zwischen Gemeinschaft und Alleinsein.

Das Leben in einer klösterlichen Gemeinschaft ermutigt, nicht beim Banalen, Oberflächlichen stehenzubleiben. Das Leben in Gemeinschaft hilft, Schwierigkeiten, Enttäuschungen, Krisen, Schicksalsschläge – kurz: alles Schwere, das in jedem Leben zu finden ist, – vor Gott zu tragen. Wie schön ist es, dass die Gemeinschaft die Anliegen mitträgt, für Trost und Kraft betet und dadurch die liebende Gegenwart Gottes „greifbar" macht. Das Leben in einer klösterlichen Gemeinschaft ist tatsächlich eine Bereicherung auf der Gottsuche. Wenn eine Mitschwester eine neue Erkenntnis aus ihrem Bibelstudium teilt …, wenn eine andere Mitschwester staunenswerte Entdeckungen aus der Wissenschaft einbringt …, wenn wieder eine andere Mitschwester berührend vom Gespräch mit einer dementen Schwester erzählt… – dann, ja dann ist das Gemeinschaftsleben reich und lebendig. Eine Schwester, die voll im Leben steht, offen auf die anderen zugeht, ihre Sorgen und Freuden teilt und bereitwillig auch ungewohnte Aufgaben übernimmt, eine solche Schwester erlebt die Gemeinschaft animierend und auch herausfordernd.

Und immer wieder steht die Frage im Raum: Wie lebe ich konkret die Nachfolge Jesu? Wie leben wir sie als Gemeinschaft? Können andere Menschen zum Beispiel in unseren Gottesdiensten etwas vom Reichtum des Christentums erleben? Werden sie angeregt, ihr Leben von Gott her zu überdenken, sich neuen Sichtweisen zu öffnen? Eine Ordensgemeinschaft ist nicht einfach eine zusammengewürfelte Gruppe von christlich interessierten Menschen. Eine christliche Ordensgemeinschaft ist ein Ort, an dem Menschen verbindlich zusammenleben, zusammen beten, zusammen Gott suchen und Jesus Christus nachfolgen, inspiriert vom Heiligen Geist. – Ja, das ist ein Idealbild einer Gemeinschaft. Selbstverständlich gibt es auch die Schattenseiten, das Versagen: Das können verhärtete Fronten innerhalb einer Gemeinschaft sein, verschüttete Talente oder enttäuschte Hoffnungen. Das Kloster ist ein Spiegel der Gesellschaft. Doch nicht das „Umfallen" ist das Problem. Das Problem ist, wenn die Schwestern oder die Gemeinschaft nicht wieder aufstehen, neu beginnen, Konflikte klären, sich externe Hilfe holen, sich ihrer Realität stellen, sich Zeit nehmen füreinander usw. Ein Neuanfang ist auch in verfahrenen Situationen meistens möglich. Zumindest ein Neuanfang, der zeigt, dass Vergebung und Aufeinanderzugehen gelebt wird. Gemeinsam Gott suchen. Das ist in einer Ordensgemeinschaft möglich. Es lohnt sich darum, eine Ordensgemeinschaft während längerer Zeit vertieft kennenzulernen und mit verschiedenen Ordensmitgliedern zu sprechen. Vielleicht spürst du dann, dass dich das gemeinsame Leben nicht begeistern kann, dass du lieber zu zweit leben möchtest – oder alleine. Es gibt ja sehr verschiedene Lebensentwürfe – und sehr verschiedene Ordensgemeinschaften, wie du im fünften Kapitel erfährst.

Welche Kriterien sprechen für eine lebendige, suchende Gemeinschaft?

Es gibt sicherlich viele Merkmale, durch die eine Gemeinschaft anziehend wirkt. Wir stellen euch hier die folgenden drei Kriterien vor: Lebendigkeit, „Früchte" und Lebensfreude.

Zum ersten Merkmal: Ein gutes Kriterium einer Gemeinschaft, die gemeinsam Gott sucht, ist sicherlich die **Lebendigkeit** ihrer Mitglieder und ihres Gebetslebens. Allem voran kommt das authentische Zeugnis jeder einzelnen Schwester. Junge, interessierte Frauen haben meistens ein gutes Gespür für Echtheit und Offenheit. Und wenn sie kritische Fragen stellen? Umso besser. Dann zeigt sich noch deutlicher, ob eine Klostergemeinschaft auf dem Weg ist und sich solchen Fragen stellt. Lebendigkeit zeigt sich unter anderem auch darin, dass eine Ordensfrau welt- und menschenzugewandt ist. Das widerspricht keineswegs dem Rückzug in Kontemplation, Meditation und Stille. Im Gegenteil: Je stärker eine Schwester in ihrem Seelengrund in Gott verankert ist und ihre Kraft bei ihm schöpft, desto mehr kann sie auf ihre ganz persönliche Art und Weise für andere Menschen da sein. Als Begleiterin und Gesprächspartnerin, als Trösterin und Beterin. Lebendigkeit zeigt sich auch im Gestalten des spirituellen Lebens: Das gemeinsame Gebet bildet den Rahmen für den Tag und strukturiert ihn. Die Gottesdienste sind geprägt durch eine lebendige Liturgie, welche die Schwestern untereinander und alle Mitfeiernden auf einer spirituell-christlichen Ebene verbindet. Beziehungen werden so nicht nur rein menschlich gepflegt, sondern unter den Segen Gottes gestellt. In einigen Gemeinschaften gibt es festgelegte Zeiten der Anbetung des Allerheiligsten, welche ebenfalls Zeugnis geben von der inneren Lebendigkeit einer suchenden Gemeinschaft.

Ein weiteres Kriterium einer gottsuchenden Gemeinschaft sind ihre **„Früchte"**. Das bedeutet: ihr *„impact"*, ihre Wirkung nach außen. Das kann sich zeigen in einer innovativen Klosterschule, einem nachhaltig geführten Klostergarten, in einladenden Angeboten für Suchende, wissenschaftlichen Erzeugnissen, spirituell reichen Gottesdiensten, einer gelebten Gastfreundschaft und vielem mehr. Hier geht es um Fruchtbarkeit, welche auch in kleinen Gemeinschaften sprudeln kann. Im Evangelium heißt es, wir sollen „die Zeichen der Zeit erkennen" (Lukas 12, 54–57). Eine Gemeinschaft, die sich fragt, welche Bedürfnisse in der Gesellschaft hier und heute da sind, und entsprechende Lösungen entwickelt, ist suchend unterwegs.

Junge Frauen sehen, dass sie im Kloster Aufgaben ausüben können, die wirklich Sinn machen. Sie können anderen Menschen einen Dienst erweisen, für Benachteiligte oder Ausgegrenzte da sein, Freude bereiten durch künstlerisch-kreative Erzeugnisse usw. Eine „Frucht" ist sicherlich auch die innere Freiheit, welche die Mitglieder ausstrahlen, die Einheit in Verschiedenheit, die in der Gemeinschaft gelebt wird – keine Uniformität. Die Vielfalt der „Früchte" von Ordensgemeinschaft ist enorm. Informiere dich darüber und klicke dich zum Beispiel durch die Linkhinweise, die am Schluss dieses Buches angegeben sind.

Ein nicht zu unterschätzendes Kriterium einer gottsuchenden Gemeinschaft ist die **Lebensfreude** im Alltag. Dazu gehört auch die Kunst, sich selbst nicht zu wichtig zu nehmen, und eine gesunde Portion Humor. Wenn du in einer Gemeinschaft spürst, dass sich die Schwestern annehmen, wie sie sind, dass sie einander auch einmal „hochnehmen" und Lachen kein Fremdwort ist, dann schaue genauer hin. Wie für vieles, gibt es auch dazu passende Bibelstellen, z. B.: „Die Freude am Herrn ist eure Stärke!" (Nehemia 8,10). Außerdem sagte die heilige Teresa von Avila bereits im 16. Jahrhundert: „Gott bewahre uns vor sauertöpfischen Heiligen." Also vor Menschen, die meinen, stets mit einem ernsten und leicht säuerlichen Gesichtsausdruck ihre Frömmigkeit zeigen zu müssen. Auch die Kunst, Feste zu feiern, gehört zum Kriterium „Lebensfreude". Es gibt Gemeinschaften, welche eine wunderbare Kultur des Feierns entwickelt haben. Dazu einige Beispiele: Beim Namenstag einer Schwester werden eigens für sie gedichtete Verse gesungen. Bei einem runden Geburtstag übertrifft sich das Küchenteam mit phantasievollen kulinarischen Kreationen. Beim Erntedankfest staunen viele Gäste über die kunstvoll arrangierten Blumen, Gemüse- und Obstsorten. Bei einem Ordensjubiläum sorgen musikalische und tänzerische Darbietungen für tosenden Applaus. Bei einer Osternachtfeier lassen sich Schwestern und Gäste tief berühren von den österlichen Texten und erleben existenziell den Übergang vom Tod zum Leben, von der Dunkelheit ins Licht. Bei einer Feierlichen Profess singen alle Mitfeiernden so intensiv, dass sie Gänsehaut bekommen, usw.

Suchende Gemeinschaften sind also gekennzeichnet durch Lebendigkeit ihrer Mitglieder und ihres Gebetslebens, durch „Früchte" und durch Lebensfreude. Welche Merkmale hast du schon erlebt? Welche Gemeinschaften findest du anziehend – und warum? Es lohnt sich, dass du dir dazu ganz persönliche Gedanken machst.

7.2 Als Frauengemeinschaft unterwegs sein – in der Kirche

Was ist der Unterschied zwischen einer christlichen Frauen- und einer Männergemeinschaft? Eine schwierige Frage. Denn es gibt viele unterschiedliche Gemeinschaften in unserer Kirche mit sehr unterschiedlichen Lebensformen und Aufgabenbereichen. In diesem Abschnitt soll der Frage nachgegangen werden, was spezifische Merkmale einer christlichen Frauengemeinschaft sind.

Ein besonderes Merkmal einer Frau ist, dass sie Kinder gebären kann. Dieses Thema wurde bereits bei den Gelübden, insbesondere bei der Ehelosigkeit, angesprochen. Wenn ich als ehelos lebende Frau in ein Kloster eintrete, bedeutet dies, dass ich darauf verzichte, eigene Kinder zu haben. Das ist für einige Frauen ein ganz anderer Faktor – pro oder contra – als für Männer. Es ist ein anderer Faktor als der Verzicht auf eine Partnerschaft und ist für einige Ordensfrauen nicht einfach. Warum wählten und wählen dennoch Frauen das Leben im Kloster? In einer Frauengemeinschaft können sie eine andere Form von Mutterschaft, von Fruchtbarkeit leben. Konkrete Zeichen dafür sind beispielsweise das Engagement für (kranke) Kinder, die Bildung Jugendlicher oder künstlerische Tätigkeiten. Der Verzicht auf eigene Kinder ist zugleich eine Möglichkeit, sich ohne diese große Verantwortung vielen anderen Verantwortungen in Kirche und Gesellschaft zu stellen. Es gibt Ordensfrauen, welche jüngere oder ältere Menschen geistlich begleiten und für diese in besonderer Weise eine „geistliche" Mutter oder Meisterin werden.

Und die Kirche?

Ordensgemeinschaften existieren nicht im luftleeren Raum, sie sind immer Teil der Kirche. Zugegeben: Die Kirche, wir sprechen insbesondere von der römisch-katholischen, hat zurzeit nicht das beste Image. Auch wir wünschen uns Erneuerung und Veränderungen. Verschärft wird das Problem jedoch auch dadurch, dass wir gewohnheitsmäßig von „der Kirche" sprechen. Das assoziiert etwas Abstraktes, rein Institutionelles. Wenn wir auf den Anfang des Christentums schauen, war Kirche die Gemeinschaft der an Jesus Christus Glaubenden. Aus dieser Perspektive wird deutlich, dass wir es sind, die der Kirche an vielen Orten ein Gesicht geben. Wir Schwestern im Kloster Mariazell sind glücklich, dass wir hier am Ort miteinander ein kleines Stück, eine Facette von Kirche gestalten dürfen Wir haben viele Freiräume, die wir als Frauen gestalten können. Wir sind an einem Ort, den wir prägen dürfen. Oft fragen wir uns: Wie können wir als Kirche einladend sein? Wie können unsere Gottesdienste Menschen, die zu uns kommen, nähren? Ja, wir Frauen können hier der Kirche ein Gesicht geben und für Gegenwart und Zukunft Akzente setzen.

Frauengemeinschaften stehen oft in einer langen Tradition und auf dem Fundament einer bewährten Ordensregel. Dies ermöglicht ihnen, aus einem großen Reichtum zu schöpfen und damit an der Erneuerung der Kirche aktiv mitzuwirken, an ihrem Ort, mit ihren Möglichkeiten. Schwestern leiten selten eine Pfarrei, was zum Beispiel bei Benediktinermönchen der Fall sein kann. Sie sind als Pfarrer voll für eine Pfarrgemeinde verantwortlich und dadurch selten in der Klostergemeinschaft. Auch in den liturgisch speziell geprägten Zeiten wie Ostern, Pfingsten oder Weihnachten sind in einigen Männergemeinschaften nie alle Mitglieder im „Heimatkloster". In

Frauengemeinschaften ist dies anders. Dadurch können Gäste die Liturgie mit allen Schwestern mitfeiern und erleben die Klostergemeinschaft als Ganze. Was wir in unserer Abtei von Gästen oft zu hören bekommen, ist: „Eure Liturgie gibt mir Kraft. Der Gesang, die Stille, die Gebete begleiten mich hier und dann auch wieder bei mir zu Hause. In eurem Gästehaus ist alles so schön eingerichtet, geschmackvoll geschmückt, einladend gestaltet. Wir fühlen uns willkommen und rundum gut versorgt. Danke." Solche Rückmeldungen zeigen die Anziehungskraft von Frauengemeinschaften und die wunderbare Möglichkeit, anderen Menschen Tage des Rückzugs und des Kraftschöpfens zu ermöglichen.

Lass dich darauf ein und „teste" die Gastfreundschaft in verschiedenen Klöstern. Sei dir bewusst, dass besonders die Stille dir helfen wird, deine Gedanken und Gefühle zu ordnen und deinen eigenen Weg zu finden. Das Gespräch mit einer erfahrenen Schwester kann dir helfen, deine Erfahrungen zu ordnen und die nächsten Schritte deines Lebensweges mutig anzugehen.

7.3 Persönliche Erfüllung finden

Was kann ich tun, damit mein Leben gelingt? Werde ich im Kloster ein sinnerfülltes Leben führen? Zufrieden sein? Wer möchte an seinem Lebensende nicht sagen können: „Mein Leben war nicht leicht, aber sehr erfüllend, abenteuerlich, entdeckungsreich, voller Glaubensfreude und Liebe – in der Verbundenheit mit Jesus. Und es war eine Bereicherung und Kraftquelle für andere Menschen."

Jeder Mensch ist einzigartig. Glaubende Menschen sehen sich als von Gott erschaffenes Geschöpf, von ihm geliebt und in die Welt gesandt, um das Leben auf unserem Planeten ein wenig heller, liebevoller, freudvoller zu machen. Was als „persönliche Erfüllung" empfunden wird, ist darum sehr individuell. Wie schön, dass es verschiedene Lebensformen gibt: Ich kann als Single, als Partnerin, verheiratete

Frau, als ehrenamtlich Engagierte, als Hauptverantwortliche in einem großen Unternehmen, als Politikerin, Journalistin, Wissenschaftlerin, Pflegefachfrau … und in der Kirche viel bewirken. Es gibt keine „bessere" oder weniger wichtige Lebensform. Es gibt nur die für dich, für mich passende Lebensform.

Die persönliche Erfüllung und meine Wirkungskraft kann ich auch als Schwester in einer Ordensgemeinschaft erleben. Nur geht dieses Wirken oft unspektakulärer als anderswo vor sich. Im Stillen, im Kleinen, im Unscheinbaren liegt ebenso viel Kraft wie im medial groß Aufgebauschten, Pompösen. Wie schnell platzt ein Traum, wie schnell kann eine Krankheit das Leben auf den Kopf stellen, wie schnell können geliebte Menschen einen anderen Weg gehen, als ich es mir vorstellte. Darum ist es wichtig, dass jeder Mensch in sein Inneres horcht und dort die leise, feine Stimme hört, welche ihm die Richtung der nächsten Entscheidung angibt.

Ich, Schwester Andrea, schaue mir gerne Gesichter von alten Menschen an, „live" oder auf Fotos. Darin ist oft eine große Weisheit vergraben, eine Lebensweisheit. Die Augen wirken manchmal wacher und munterer als bei Zwanzigjährigen. Die Lachfalten erzählen von tausend Lachanfällen. Die Stirnfalten berichten von schwierigen Entscheidungen und schweren Tagen. Besonders beeindruckt mich, dass bei alten Menschen oft kaum mehr erkennbar ist, ob es eine Frau oder ein Mann ist – wie auch beim Betrachten des Gesichtes eines Neugeborenen. Wir sind Menschen. Warum gibt es uns Menschen auf unserem blauen Planeten? Ich bin überzeugt, dass jeder Mensch seine ganz persönliche Aufgabe, seinen wertvollen Auftrag im Leben hat, egal, ob sein Leben kurz oder lang ist. Es ist nicht so außerordentlich, wie es scheint, dass diese Lebensaufgabe auch in einem Kloster vollumfänglich, freudig und mit Tatkraft gelebt werden kann … Als Christin bin ich – wie jeder Mensch – von Gott mit meinem Namen gerufen. Ich bin geliebt und einzigartig (vgl. Jesaja 43,1).

Die Erfüllung finden. Als Gerufene. Als von Gott Gerufene. Ordensfrauen folgen ihrer Sehnsucht, weil sie in sich selbst die Liebeswerbung Gottes spüren. Sie wollen sich ihm ganz hingeben – in einer Gemeinschaft Gleichgesinnter. In herzlicher Geschwisterlichkeit. In einem Dienst, der für sie Sinn macht und Seele und Geist erfüllt. Sie wählen eine ungewöhnliche Lebensform, die aber schon seit Jahrhunderten Menschen gewählt haben. Menschen, die mit innerer Leidenschaft dem Gott der Liebe nachfolgen und seinem Sohn, Jesus Christus. Menschen, die voller Begeisterung Zeugnis geben von ihrer Gottverbundenheit in großer innerer Freiheit. – Wenn du gerne liest: Nimm dir Zeit für die Biografien von Ordensleuten. Teresa von Avila, Franziskus, Marie Ward, Dominikus, Edith Stein, Ignatius von Loyola, Benedikt, Theresia vom Kinde Jesu und viele mehr können uns Vorbild sein. Mit ihrem Leben, ihrem Wirken, ihrem Sein. In den Texten im sechsten Kapitel leuchten weitere Aspekte der persönlichen Erfüllung auf. Die acht Frauen zeigen – jede auf ihre Art –, was für sie anziehend wirkt(e) für das Ordensleben. Und wie sie darauf antworteten.

7.4 Tatkräftiges Wirken

Wenn du das Kapitel mit den verschiedenen Ordensgemeinschaften bereits gelesen hast, weißt du, dass die Aufgabenfelder einer Ordensfrau sehr vielfältig sein können. Umso wichtiger ist es, dass du dich selber gut kennst und deine ureigenen Bedürfnisse, deine Talente und Kompetenzen erforscht hast. Es geht nicht nur um deine Ausbildung(en). Es geht auch darum, wer du als Mensch bist. Du kennst sehr wahrscheinlich sehr gut ausgebildete Menschen – mit Doktortitel oder ähnlichem –, mit welchen du niemals einen Tag unterwegs sein möchtest. Und du kennst wohl auch Menschen, mit denen du einfach gerne zusammen bist. Menschen, welche dich wie zu einem

„besseren Menschen" machen, indem sie selber ganz bei sich sind und dir auf Augenhöhe begegnen.

Von Jesus erfahren wir im Evangelium, worauf es ihm ankommt. Jesus kommt es vor allem darauf an, dass ein Mensch seine ganz persönlichen Talente nicht vergräbt, sondern gut einsetzt und damit arbeitet. Dies ist sehr treffend erzählt im Gleichnis von den Talenten (Matthäusevangelium 25, 14–30). In einem Gespräch mit Menschen, welche dich kennen, lernst du dich selbst noch besser kennen. Dich kennenlernen? Das kannst du besonders auch in der Stille, vor Gott, wenn du allein bist, auf einem langen Spaziergang oder beim Schreiben im Tagebuch usw. Du erkennst immer mehr, was dich ausmacht. Wer bin ich wirklich? Wo möchte ich meine Fähigkeiten einbringen? Die beruflichen und menschlichen Talente? Was erfüllt mich? Wo erfahre ich mich zutiefst lebendig?

Es gibt sehr viele Aufgabenfelder, in denen Ordensgemeinschaften tätig sind. Es gibt jedoch auch die Möglichkeit, dass du den Ruf in ein Kloster oder in eine Gemeinschaft hörst, welches deiner Ausbildung überhaupt nicht entspricht. So kommt zum Beispiel eine Mikrobiologin in ein kontemplatives Kloster und kann, außer bei der Messung des Hallenbadwassers, ihren Beruf nicht mehr ausüben. Dennoch ist sie glücklich in ihren neuen Aufgabenbereichen als Sakristanin und Feuerwehrfrau. Es gibt studierte Wissenschaftlerinnen, welche in einer ganz anders gelagerten Gemeinschaft als Gärtnerin und geistliche Begleiterin ihre Erfüllung finden. Und es gibt junge Frauen, die alles andere werden wollten als Lehrerin. Während der langen Zeit der Ordensausbildung machen sie dennoch eine Ausbildung zur Lehrerin und sind danach begeistert für viele Jugendliche da. Sie geben ihnen Halt und Orientierung und ermutigen sie, über sich selbst hinauszuwachsen.

Es gibt Gemeinschaften, in denen du eine zusätzliche Ausbildung machen kannst, damit du dich in einem Aufgabengebiet, das für diese Ordensgemeinschaft wichtig ist, engagieren kannst. – Es gibt jedoch auch Gemeinschaften, in denen du ganz ungewohnte

Tätigkeiten durch „learning by doing" ausübst. Das kann eine kreative Aufgabe wie Töpfern sein oder Mitarbeit in einer Schokoladenmanufaktur oder Aufgaben in einer Gassenküche oder Erarbeitung biblischer Kurse und vieles andere mehr. Es gibt Orden und Gemeinschaften, die weltweit tätig sind. Und es gibt das Ordensleben mit dem Versprechen der *stabilitas loci*, der Ortsbeständigkeit. Diese Schwestern bleiben ihr Leben lang im gleichen Kloster. Dies gilt vor allem für die Benediktinerinnen und Zisterzienserinnen. Wenn jemand über Jahrzehnte am gleichen Ort wirkt, kann die Schwester zum Beispiel eine klostereigene Bildungseinrichtung usw. umfassend prägen. Andere Gemeinschaften wirken durch ihr Dasein bei den Armen und Ausgegrenzten. Schwestern wohnen zu dritt in einer Mietwohnung im Vorort einer großen Stadt und arbeiten in einer Fabrik. Die täglichen Gebete in ihrer kleinen Wohnung geben ihnen Kraft für diesen unscheinbaren, aber großartigen Dienst. Die „Kleinen Schwestern Jesu" beispielsweise sind Ansprechpersonen für die „kleinen Leute", für deren Sorgen und Probleme. Sie zeigen, dass tatkräftiges Wirken im Verborgenen ebenso „groß" ist vor Gott wie das Verfassen millionenfach gelesener geistlicher Bücher.

Gottes Wege sind nicht unsere Wege. ... Darum ist es zwar wichtig, die Ordensgemeinschaften mit ihren verschiedenen Aufgabenbereichen etwas kennenzulernen. Da du aber sowieso nicht alle in Frage kommenden Ordensgemeinschaften gründlich kennenlernen kannst, gibt es viele *„soft facts"*, welche dir bei deiner Entscheidung eines eventuellen Ordenseintritts helfen können. Der Weg ins Kloster ist nicht eins zu eins vergleichbar mit der Berufs- oder Studienwahl. Obschon der Satz „Ich entscheide mich für ..." bei allen Entscheidungen gilt. Was dir beim Entscheiden hilft – dazu kannst du den Impuls auf Seite 57 lesen.

7.5 Was finde ich im Ordensleben nicht?

Es ist wichtig, sich diese Frage zu stellen. Denn mit dem Schritt in ein Kloster, in eine Gemeinschaft, ist nicht alles einfach klar. Es sind nicht alle meine Fragen gelöst. Es ist nicht ein Ankommen in einer Art „Vor-Paradies". Also: Was finde ich im Ordensleben nicht? Was kann ich nicht erwarten? Was spricht (scheinbar) dagegen? Ein paar Antworten:

- Du findest keine ideale Gemeinschaft, sondern eine Gemeinschaft mit Idealen.
- Du kannst nicht erwarten, einen „bequemen" Alltag zu erleben.
- Du bist nicht im siebten Himmel und schwebst selten auf Wolke sieben ... aber hin und wieder schon!
- Du bist nach wie vor du. Du veränderst dich nicht über Nacht und auch nicht in einigen Monaten. Du nimmst dich mit – mit allem, was dich ausmacht, zum Glück!
- Du bist nicht geschützt vor inneren Konflikten und vor Konflikten mit deinen Mitschwestern.
- Es kann passieren, dass du dich auch als Schwester verliebst.
- Das Klosterleben ist nicht einfacher als eine Partnerschaft. Im Gegenteil: Wenn du keine Partnerschaft führen könntest, wenn du nicht beziehungsfähig bist, bist du im Kloster fehl am Platz.
- Du erlebst, wie deine Bedürfnisse nicht alle befriedigt werden.
- Du hast auch im Kloster mit Finanzen zu tun. Obschon du keinen persönlichen Besitz hast.
- Du bist mit dem Lebensalltag verschiedener Menschen verbunden, auch solchen, die du dir nicht ausgesucht hast und die du dir nicht als Freunde oder Freundinnen gewünscht hättest.
- Du hast mit dem Eintritt nicht alles hinter dir gelassen. Die Probezeit dauert lange, mindestens fünf Jahre. Diese Zeit

zeigt dir und deiner Gemeinschaft auf, ob du wirklich für diese Lebensform berufen bist.

- Du kannst nicht erwarten, Karriere im klassischen Sinn zu machen und bald leitende Funktionen auszuüben.
- Du hast Verantwortungen innerhalb der Gemeinschaft, die du dir nicht selbst ausgesucht hast.
- Du weißt nicht, wer in Zukunft eintreten wird.
- Du kannst deine Ferienwochen nicht frei wählen. Wie bei vielen Entscheidungen sind Absprachen mit den Verantwortlichen der Gemeinschaft nötig.
- Du hast keine „Garantie", dass dein Leben gelingt.
- Du weißt nicht, wie dein Leben in 20 oder 40 Jahren aussieht.

Die Aufzählung ließe sich noch lange erweitern. Denn: Das Ordensleben findet ganz im Hier und Heute statt. Es stellt dich als Christin nicht in eine „heile Welt", sondern ins pralle, volle Leben unserer Gesellschaft und Gegenwart. Und du nimmst dich mit. Deine ganze Lebensgeschichte. Deine Fragen und Unsicherheiten, deine individuellen Bedürfnisse und Erwartungen. Das Ordensleben ist keine „Wohlfühloase", kein „Wellnessbereich" – das soll es auch nicht sein. Das Leben in einer klösterlichen Gemeinschaft fordert heraus und lädt ein zum persönlichen inneren Wachstum.

Eine andere Frage stellt sich in diesem Zusammenhang ebenfalls: In welcher Lebensform werden alle deine Erwartungen erfüllt? Gibt es die? Wir denken nicht, dass es die völlig paradiesische Lebensform gibt. Auch keinen Partner, mit dem du nur Höhen und keine Tiefen erlebst. Denn in jedes Leben gehört Licht und Schatten, Schweres und Schönes. Und vieles im Leben ist auch dazwischen. Wir werden als Mensch reifer, wenn wir uns den Herausforderungen des Lebens stellen, egal in welcher Lebensform. Wir sind eingeladen zum Abenteuer „Leben".

Wenn du heute in ein Kloster oder in eine christliche Gemeinschaft eintrittst, prägst du diesen spirituellen Ort während einer schwierigen Zeit für die Kirche. Dein persönliches Entwicklungspotenzial ist gefragt. Denn die Kirche besteht aus „lebendigen Steinen", aus allen, die Jesus Christus nachfolgen. So wird dein Weg in einer klösterlichen Gemeinschaft sehr wahrscheinlich vielerlei Stürmen ausgesetzt sein, welche dich und deine Gemeinschaft „durchschütteln". Wichtig ist darum das Fundament. Dein Verankertsein im Glauben, ausgehend von deiner Taufe. Dein Offensein für Gottes Gegenwart im Hier und Jetzt und dein Vertrauen in die Heilige Geistkraft, die ungeahnte Inspirationen und Visionen sprießen und aufblühen lässt. Mit dem fünften Impuls von Äbtissin Monika kannst du diesem äußeren und inneren Abenteuer nachspüren.

7.6 Und wenn es die falsche Entscheidung war?

Ja, es gibt sie. Die Austritte aus dem Kloster. Es ist möglich, wieder auszutreten – wie eine Ehe geschieden werden kann. Doch gibt es bei einem Ordensaustritt große Unterschiede: Ein Ordensaustritt kann in verschiedenen Phasen des Ordenslebens stattfinden. Wenn ein Austritt innerhalb der mehrjährigen Probezeit erfolgt, ist er für beide Seiten – die austretende Schwester und die Gemeinschaft – leichter zu durchleben als ein Austritt nach der Feierlichen Profess. Dies gilt auch für eine Ehe. Wenn die Partnerschaft noch lose ist und zwei Menschen quasi „auf Probe" zusammenleben, ist diese Beziehung anders zu beenden als nach einem verbindlichen Ja bei der Hochzeit.

Die klösterliche Probezeit dient dazu, dass eine interessierte Frau (und ihre Gemeinschaft) ihre Berufung prüfen kann. Ist das wirklich mein Weg? Hat mich Gott in diese Gemeinschaft gerufen? Möchte ich mein gesamtes Leben in dieser Weise gestalten? Es ist weise, dass die Probezeit in einer Gemeinschaft mindestens fünf, manchmal bis zu zehn Jahre dauert. Während dieser Jahre entscheiden sich durchschnittlich mehr als die Hälfte der eingetretenen Frauen nach einer gewissen Zeit, den Orden oder die Gemeinschaft wieder zu verlassen. Dies geschieht oft in einem mehrere Monate dauernden Prozess. Die Kandidatin oder Novizin oder die Schwester mit zeitlichen Gelübden reflektiert mit ihren Begleitpersonen in jeder Phase der Probezeit regelmäßig, ob sie weitermachen möchte. Und auch die Gemeinschaft kann ihre Erfahrungen und Fragen einbringen. In einigen Klöstern gibt es vor dem Schritt in die nächste Stufe jeweils eine Befragung aller Schwestern zur Interessentin. Wenn eine Frau in der Probezeit spürt, dass dies nicht ihr Weg ist, kann sie selbstverständlich ohne weitere Auflagen wieder ins zivile Leben zurückkehren. Es können sich danach schöne Kontakte mit der ehemaligen Mitschwester ergeben. Im Gebet begleitet die Gemeinschaft ihren neuen Lebensabschnitt.

Für beide Seiten ist ein Austritt einschneidender, wenn sich jemand nach Ablegung der Feierlichen Profess oder der Ewigen Gelübde entscheidet, seinen Weg außerhalb des Klosters weiterzugehen. Einem Austritt geht eine lange Zeit der Entscheidungsfindung voraus. Manchmal verbringt eine Schwester vorgängig eine Zeit der „Exklaustration". Das heißt: Sie lebt außerhalb der Gemeinschaft und geht ihrem angestammten Beruf nach. Es gibt Schwestern, welche den Übertritt in eine andere Gemeinschaft oder einen anderen Orden erwägen. Oft wird neben der Begleitung innerhalb des Ordens auch eine externe geistliche Begleitung oder psychologische Beratung in Anspruch genommen. Bei einem Austritt wird meistens, neben dem intensiven Gesprächsprozess, eine schriftliche Begründung für diesen Schritt verlangt. Diese Begründung geht mit dem offiziellen Austrittsschreiben nach Rom, das heißt an die zuständige vatikanische Behörde. Auch die Gemeinschaft, aus der eine Schwester austritt, nimmt zum gewünschten Schritt schriftlich Stellung. Wenn die römische Dispens von den Gelübden vorliegt (dies kann einige Monate bis Jahre dauern), ist die Schwester endgültig ausgetreten. Zivilrechtlich verändert sich bei einer Ordensperson übrigens nichts, weder beim Eintritt ins Kloster noch bei einem eventuellen

Austritt. Jede Ordensfrau und jeder Ordensmann trägt auf einem Formular beim Zivilstand „ledig" ein.

Noch zu praktischen Fragen wie Finanzen oder Altersvorsorge: Wenn eine Schwester während Jahrzehnten im Kloster lebte und dadurch keine Ersparnisse usw. erwirtschaften konnte, unterstützt die Gemeinschaft die Austretende in angemessenem Maß. Dies kann eine einmalige Summe sein für den Übergang ins Berufsleben, für die Wohnungsmiete oder Ähnliches. Oder es kann eine andere Form von finanzieller Unterstützung vereinbart werden, beispielsweise eine monatliche „Rente". Auf jeden Fall ist die Ordensgemeinschaft verpflichtet, der ehemaligen Schwester finanziell den Übergang ins zivile Leben zu ermöglichen. Die Austretende hat jedoch keinen Anspruch auf eine Lohnnachzahlung, denn auf den Lohn hat sie ja ausdrücklich bei der Ablegung der Gelübde verzichtet. Auch wenn ein Ordensaustritt oft für alle Seiten ein sehr schmerzvoller Prozess ist, kann danach eine neue Beziehung entstehen. Einige der ausgetretenen Frauen freuen sich, den Kontakt weiterhin zu pflegen, ihre neue Familie der Ordensgemeinschaft vorzustellen oder sind auf eine andere Art und Weise mit ihrem ehemaligen Kloster verbunden.

Zurück zur Anfangsfrage dieses Kapitels: Und wenn es die falsche Entscheidung ist? – Eine Entscheidung ist immer ein „Sich-auf-den-Weg-machen". Auf diesem Weg können, wie bei einer langen Reise, ungeplante Umwege und andere „Störungen" die getroffene Anfangsentscheidung infrage stellen. Wenn eine Frau nach einer langen Probezeit die Entscheidung trifft, für ihr ganzes Leben in einer Ordensgemeinschaft zu leben … Auch dann kann dieses damals (hoffentlich) sehr echte, ernsthaft durchdachte und durchbetete „Ja" durchgeschüttelt werden. Als Mensch habe ich fast nirgends eine hundertprozentige Sicherheit. Auch nicht für meine Entscheidungen. Aber ich habe als Ordensfrau die Chance, nicht nur auf meine Entscheidung zu bauen, sondern auch auf die der Gemeinschaft. Auch sie sagte Ja zu mir. Somit kann eine Entscheidung, wenn sie nach reiflicher Überlegung und intensivem Gebet getroffen ist, wohl nicht „falsch" gewesen sein. Sie war in der damaligen Lebensphase richtig. Nun stellt sich die Frage, ob ich bei Krisen und Stürmen in meinem Leben diese damalige Entscheidung anders sehe oder ob ich sie als tragenden Grund bestehen lasse und anderweitig Lösungen für mich suche. Dies sind tiefgreifende existenzielle Prozesse, welche wir in diesem Buch nicht genügend beleuchten können. Darum nur so viel: Eine Entscheidung birgt immer das Risiko, dass ich sie in einer späteren Lebensphase anders anschaue. – ABER: Wenn ich mich **nicht** entscheide, dann, auch dann, kann ich dies in der Zukunft ganz anders sehen und vielleicht sogar bereuen. Darum halten wir hier fest: Entscheiden, gutes Entscheiden führt in die Freiheit, lässt mich tief durchatmen und gibt mir ungeahnte Kräfte. Wenn ich durch eine Türe hindurchgehe, lasse ich andere Türen beiseite. Wenn ich die Reise per Bahn mache, sehe ich andere Landschaften als per Schiff oder Flugzeug. Jede größere Entscheidung beinhaltet ein starkes „Ja" und viele „Nein, danke". Mehr übers Entscheiden findest du im dritten Impuls von Äbtissin Monika.

FAQ Teil 1:
33 Fragen –
persönlich beantwortet
von Schwester Andrea

1. Wie sieht dein Zimmer aus?
Mein Zimmer sieht so aus, wie du es dir wahrscheinlich vorstellen kannst: ganz gewöhnlich. Mit Bett, Tisch, Stuhl, Schrank usw. Außergewöhnlich ist vielleicht, dass es in meinem Zimmer eine kleine Gebetsecke gibt, wie in den meisten Schwesternzimmern. Einen Ort, an dem wir ganz verborgen, ganz für uns, beten und meditieren können.

2. Was macht ihr in eurer Freizeit? Habt ihr überhaupt Freizeit?
Ja, Schwestern haben auch Freizeit. Und genau wie bei anderen Leuten nutzen wir diese sehr unterschiedlich. Am besten fragst du bei einem Klosteraufenthalt, was die einzelnen Schwestern in ihrer freien Zeit so machen. Du wirst vielleicht überrascht sein …

3. Wie sprichst du mit Gott?
Wie ich mit einem Menschen spreche. Auf Zürichdeutsch, einem schweizerischen Dialekt. Vertraut und auch voller Ehrfurcht. Manchmal völlig glückerfüllt, manchmal fast vorwurfsvoll. Oft fragend. Oft auch dankend. Das Gespräch mit Gott ist manchmal auch ein Schweigen. Einfach miteinander da sein – wie zwei liebende Menschen auf einer Bank sitzen und in die gleiche Richtung schauen. Es gäbe noch viel dazu zu schreiben. Doch für heute genügt es.

4. Dürfen Nonnen schwimmen gehen oder joggen?

In unserer Gemeinschaft ist es möglich, dass die Schwestern in ihrer Freizeit Sport ausüben. Übrigens: Als Bildungsstandort haben wir eine Turnhalle und ein Hallenschwimmbad gleich vor Ort. Teurere Hobbys oder gefährliche Sportarten üben wir jedoch nicht aus. Zu unserem Schutz und damit auch zum Schutze der Gemeinschaft. Da wir uns für ein Leben entschieden haben, welches sich auch durch einen einfachen Lebensstil definiert, ist es für uns selbstverständlich, dass wir für unser privates Vergnügen nicht viel Geld ausgeben. Warum sollten wir als Ordensschwestern also teure Hobbys betreiben? In unserer Klostergemeinschaft sprechen wir uns außerdem ab, wann wir was machen und wo wir sind. In den allermeisten Klöstern ist es also ohne weiteres möglich, in Sportbekleidung seinem Körper etwas Gutes zu tun, auch wenn man bzw. frau sonst im Ordenskleid unterwegs ist.

5. Ich stelle mir das Leben im Kloster langweilig vor. Was macht ihr eigentlich den ganzen Tag?

Diese Frage kommt bei Gästegruppen früher oder später immer. Und wir schmunzeln dann meistens ... Denn einen eintönigen, langweiligen Tag haben wir wohl alle noch nie erlebt. Aber es ist uns klar, dass Außenstehende sich nicht vorstellen können, wie wir den Tag verbringen – zumindest nicht im vollen Umfang. In diesem Buch schildern wir einerseits unseren Tagesablauf mit dem klösterlichen Rhythmus von Gebet, Arbeit, Lesung, gemeinschaftlichen und persönlichen Zeiträumen (darüber kannst du in der Antwort auf die nächste Frage mehr erfahren). Andererseits ist kein Tag wie der andere. Mir, Schwester Andrea, ist das Leben im Kloster auf jeden Fall noch nie langweilig vorgekommen. Im Gegenteil: Manchmal kommt mir ein Tag wie eine Woche vor, weil so viel Verschiedenes läuft und so viele Menschen ihre Anliegen zu mir und uns bringen. Und eine Woche ist manchmal so „gefüllt" wie ein Monat und ein Monat wie ein Jahr. Auf jeden Fall ist das Klosterleben, wie ich es erlebe, äußerst bunt und abwechslungsreich – immer mit einer gesunden Portion Regelmäßigkeit und wohltuenden Ritualen, aber ebenso mit speziellen Herausforderungen und humorvollen Momenten.

6. Wie sieht euer Tagesablauf aus?
Dies ist wieder eine Frage, die in jeder Gemeinschaft anders zu beantworten ist. Damit ihr doch einen Anhaltspunkt habt (und nicht nur die Liste auf den Websites), haben wir hier einen „typischen", gesund rhythmisierten Tagablauf in unserer Zisterzienserinnenabtei zusammengestellt:

Ab 5 Uhr: Frühmorgens ist die persönliche Zeit für die geistliche Lesung und Meditation (andere Menschen laufen bereits zum Bahnhof, stehen im Stau, arbeiten Schicht …). Es gibt auch andere Zeiträume während des Tages für das persönliche Gebet.

6.30 Uhr: Der gemeinsame Beginn ist um halb sieben mit den gesungenen Laudes, dem Morgengebet. Danach feiern wir Eucharistie (nicht jeden Wochentag).

8.00 Uhr: Die Arbeitszeit danach ist sehr vielfältig: Gästebetreuung, Kräuter ernten, Verwaltungsarbeiten, Wäsche waschen, geistliche Impulse vorbereiten, Backen für den Klosterladen, Kranke pflegen, (lange!) Sitzungen, Chorprobe, Beantworten von Medienanfragen, Nähen und Flicken, Telefonate führen, Klosterführungen, Liturgievorbereitung, Kerzen gießen, Personalgespräche, den Kreuzgang reinigen, Betreuen von Renovierungsarbeiten, den Kühlschrank füllen, Unterrichten, den Mailaccount bearbeiten, Gespräche mit Auszeitleuten und viel … sehr viel Unvorhergesehenes wie ein Wasserschaden, unerwartete Gäste, eine aufrüttelnde Medienmitteilung, ein Seesturm, Überraschendes per Post, eine kranke Mitarbeiterin, eine Mitschwester mit einem dringenden Anliegen … die Liste ließe sich beliebig erweitern.

12.00 Uhr: In der Mitte des Tages versammeln wir uns wieder in der Kirche und singen das Mittagsgebet.

12.15 Uhr: Das Mittagessen wird grundsätzlich schweigend eingenommen, mit Tischlektüre und dem Hören der Radionachrichten. Eine kurze Zeit des Austausches ist meistens ebenfalls vorgesehen. An Festtagen sieht der Ablauf wieder anders aus, sei es mit Musik, einem schön dekorierten Tisch, einer kleinen Aufführung zum Namenstag oder dem Austausch mit einem Gast aus dem Orden.

13.45 Uhr: Nach dem Abwaschen und einer kurzen Erholungszeit – allenfalls im Garten oder „liegend" in der Siesta – geht jede Schwester wieder an ihre Aufgaben. An circa zwei Nachmittagen gönnen wir uns einige Stunden Freizeit mit persönlichen Hobbys wie Sport usw. oder Weiterbildung mit Lektüre, Videos usw. Wir haben auch ein wöchentlich stattfindendes Konventgespräch, in welchem wir uns regelmäßig über wichtige Themen austauschen, Konflikte klären, geistlichen Austausch pflegen und gemeinsam hinhören, wohin Gott unsere Gemeinschaft führen möchte.

17.30 Uhr: Das Abendgebet, die Vesper, singen wir um halb sechs. Danach gehen wir in den Kapitelsaal und hören einen Ausschnitt aus der Benediktsregel. Unsere Äbtissin gibt uns manchmal einen geistlichen Impuls zum Gehörten.

18.00 Uhr: Das Abendessen genießen wir in wohltuender Stille oder mit Lesung oder Musik. Danach findet an einigen Tagen die sogenannte „Rekreation" statt, das heißt, eine gemeinsame Erholungszeit zum Erzählen, Spazierengehen, einander etwas Zeigen, Anteilnehmen usw.

19.30 Uhr: Die zwei letzten gemeinsamen Gebete des Tages: Bei uns beten wir zuerst die sogenannte Lesehore (die Vigilien, welche in anderen Klöstern frühmorgens gebetet werden), danach singen wir die Komplet. Das ist das Gebet, welches den Tag „komplett" macht. Wir beten für eine ruhige Nacht und ein gutes Ende. Keine Schwester weiß, ob sie den morgigen Tag erleben wird. Diese „Rückbesinnung" tut gut. Vieles wird relativiert, leichter. Dankbarkeit für den zu Ende gehenden Tag steigt auf.

Ab 20.15 Uhr: Das sogenannte große Stillschweigen beginnt. Wir nehmen aufeinander Rücksicht und haben den Abend für uns zur freien Verfügung – vielleicht um noch kleinere Aufgaben des Tages fertigzustellen oder zu lesen, zu beten, Tagebuch zu schreiben, Musik zu machen usw. und dann, vor allem, lange und erholsam zu schlafen!

Der Tagesablauf am Sonntag oder an Fest- oder Feiertagen ist anders. Oft mit mehr Zeit füreinander und für das Gemeinschaftsleben. In anderen Gemeinschaften kann ein „typischer" Tagesablauf ziemlich anders aussehen. In einigen Klöstern wird noch früher (oder auch später) aufgestanden. Es gibt Schwestern, die mit dem öffentlichen Verkehr zu ihrem Arbeitsort fahren, z. B. in ein Hospiz oder zur Gassenküche. In Kongregationen gibt es meistens nicht sieben, sondern drei Gebetszeiten. Es gibt internationale Gemeinschaften, in denen Schwestern in verschiedenen Kontinenten Projekte leiten oder betreuen, zum Beispiel Bildungseinrichtungen, soziale oder landwirtschaftliche Initiativen oder in der Frauenförderung tätig sind.

7. Hast du ein Handy und einen Laptop?
Ja, das habe ich, weil ich dies für meine Aufgaben benötige.

8. Warum tragen Nonnen spezielle Kleidung?
Zuerst: Nicht alle Nonnen oder Schwestern tragen ein besonderes Kleid, ein Ordenskleid. Einige sind auch „zivil", in normaler Alltagskleidung, unterwegs. Viele tragen ein Kreuz um den Hals oder einen Ring am Finger. Das Ordenskleid ist ein Zeichen, dass wir einer bestimmten Ordensgemeinschaft angehören, und außerdem ein Zeichen des einfachen Lebens. In monastischen Orden (z. B. Benediktinerinnen) tragen Schwestern meistens einen Habit (das eigentliche Kleid), ein Skapulier (die Schürze darüber), ein Zingulum (einen Gurt) und einen Schleier (früher das Zeichen einer verheirateten Frau). Zum Gottesdienst tragen wir außerdem eine Kukulle (eine Art großen Umhang). Einige Schwestern tragen einen Ring, der ihre Verbundenheit mit einer bestimmten Gemeinschaft und mit Chris-

tus anzeigt. Je nach Tradition einer Gemeinschaft hat sich die Kleidung in den vergangenen Jahrzehnten auch massiv verändert. Ich persönlich trage unser schwarz-weißes Ordenskleid sehr gerne, weil es meine Zugehörigkeit zum Kloster und Orden zeigt, aber auch, weil es für mich sehr praktisch ist, nicht jeden Morgen zu überlegen, was ich anziehen soll ... Und Black & White ist ja in der Modewelt immer aktuell, nicht wahr?

9. Trägst du dein Ordenskleid immer?
Nein, wenn ich schlafe, dann nicht ... Spaß beiseite: Wenn ich Wanderferien mache oder wenn ich eine Arbeit auf einer Leiter verrichte usw. ziehe ich andere, passendere Kleidung an.

10. Zweifelst du hin und wieder, ob es Gott gibt?
Ja, denn ein Glaube ist ein Glaube. Glauben heißt: Im Herzen bin ich mir sicher, aber beweisen kann ich es nicht. Ich kann nicht naturwissenschaftlich „beweisen", dass es Gott gibt. Und außerdem soll ich mir auch kein Bild von Gott machen. Somit vertraue ich darauf, dass es einen persönlichen, mich liebenden Gott gibt. Im Brief an die Hebräer steht zu Beginn des 11. Kapitels: „Glaube aber ist, Feststehen in dem, was man erhofft, Überzeugtsein von Dingen, die man nicht sieht". Danach folgen packende Beispiele von Menschen, zum Beispiel von Abraham und Sara, die aufgrund des Glaubens fast „Unglaubliches" wagten: „Aufgrund des Glaubens gehorchte Abraham dem Ruf, wegzuziehen in ein Land, das er zum Erbe erhalten sollte; und er zog weg, ohne zu wissen, wohin er kommen würde ..." (Hebräer 11,8) – „Aufgrund des Glaubens empfing selbst Sara die Kraft, trotz ihres Alters noch Mutter zu werden ...". (Hebräer 11,11) Diese Glaubensstärke, die vor über 2000 Jahren Menschen über sich hinauswachsen ließ, beeindruckt mich. Dieses Vertrauen, das möchte auch ich immer wieder neu zutiefst besitzen. Wenn ich das Weltall betrachte – mit seinen Milliarden von Galaxien mit ihren Milliarden von Sternen – und irgendwo der kleine Planet Erde – und irgendwo,

ehemaliger „Sternenstaub", der Mensch geworden ist – Jesus, Buddha, Mahatma Ghandi, Theresia von Lisieux, du und ich … wenn ich dies alles bedenke, dann bin ich mir nur in einem sicher: dass ich sehr wenig mit meinem Verstand begreifen kann. Und dass ich in meinem Herzen, meiner Seele eine tiefe Sehnsucht nach Liebe und Geborgenheit fühle, welche durch die Beziehung mit Gott immer wieder gestillt wird. So glaube ich ganz stark, dass es Gott gibt. Und erschaudere manchmal ehrfürchtig, dass ich – trotz aller Unsicherheit und aller Zweifel – einen Glauben habe. Der trägt, durchträgt. Durch schöne und schwierige Lebenszeiten. Durch Hochs und Tiefs. Durch das Leben.

11. Wie spricht Gott zu dir?

Oh, in meinem Innern, durch meine innere Stimme. Und auch durch äußere Anlässe: beim Lesen der Bibel, in einem Gottesdienst, durch eine Begegnung mit einem Menschen. Gott spricht …

Ich lade dich ein, zu lesen, was Äbtissin Monika Thumm in ihrem zweiten Impuls dazu schreibt. Denn in der Bibel wird mehrfach berichtet, wie Gott zu Menschen spricht. Und Gott spricht auch heute, zu dir und zu mir.

12. Warst du schon einmal verliebt?

Ja, und ich hoffe, dass dies die meisten Interessentinnen für das Kloster schon waren. Das Gefühl des Verliebtseins ist nämlich ähnlich (nicht gleich!) wie das Gefühl, wenn ich mein „Ja" zum Ordenseintritt sage. Auf jeden Fall war das bei mir so. Da ich eher ein nüchterner Mensch bin, schwebte ich aber auch als Verliebte nicht auf Wolke sieben. Doch das Gefühl, dass die Liebe alles tragen, durchtragen wird, ist einfach phänomenal. Grundsätzlich ist Liebe mehr als ein Gefühl. Verliebtheit ist eher nur Gefühl. Für mich ist Liebe vor allem ein Verb. Das bedeutet: Liebe heißt *lieben*, Gutes tun, Zeit haben, da sein, mitfühlen, mich engagieren, beten usw.

13. Mit welchen Medien informiert ihr euch im Kloster?
Mit verschiedenen: Tageszeitungen, Radio, Internet, Social Media, in Gesprächen, Vorträgen, mit Sachbüchern usw.

14. Geht ihr auch zum Friseur?
Jein. Die einen gehen, die anderen nicht. Da wir einen Schleier tragen, müssen wir nicht jeden Monat ein „Update" beim Friseur machen lassen. Meistens schneidet eine Schwester einer anderen die Haare … und das gar nicht so schlecht. Oder wir schneiden uns die eigenen Haare selber … auch das klappt meistens hervorragend. Aber bei Kurzhaarfrisuren tut es gut, beim Friseur hin und wieder einen „richtigen" Schnitt hineinzubekommen. Dabei schauen wir, dass wir möglichst wenig Geld dafür ausgeben oder Auszubildende unterstützen.

15. Welche Berufe gibt es im Kloster?
Es gibt mindestens so viele wie Mitglieder. Meistens mehr, da viele Ordensleute mehrere Ausbildungen gemacht haben und auch mehrere Berufe parallel ausüben. Bei der Frage 37 findest du einige Tätigkeitsbereiche von Ordensleuten, welche du vielleicht noch nicht kennst.

16. Was lernt man eigentlich in der Ausbildungszeit, im Noviziat?
Die Inhalte der Noviziatsausbildung sind je nach Gemeinschaft verschieden. Wir haben sie in Kapitel 8 unter Punkt 8.4 beschrieben. Schön ist es auch, dass verschiedene Gemeinschaften gewisse Ausbildungsmodule zusammenlegen und somit die jüngeren Ordensleute in Kontakt mit Nonnen und Mönchen anderer Gemeinschaften kommen. Dass es in einigen Klöstern nicht mehrere Novizinnen hat, ist also kein Nachteil. Ich persönlich habe den Austausch mit anderen Zisterzienserinnen und Zisterziensern und mit Benediktinern und Benediktinerinnen als sehr bereichernd empfunden.

17. Wie löst ihr Konflikte untereinander? Habt ihr überhaupt Konflikte?
Ja, wir haben Konflikte. Und ja, wir lösen sie, oder zumindest versuchen wir, sie immer wieder zu lösen. Dies tun wir wie jeder Mensch: vor allem mit Gesprächen, zu zweit, zu dritt, in einer Gruppe, mit einer Mediatorin … in ganz verschiedenen „Settings". Der heilige Benedikt schreibt in seiner Regel, dass wir Schwestern (und Brüder) noch vor Sonnenuntergang Frieden schließen sollten, wenn wir mit einer Schwester im Streit sind. Darum gibt es im nächtlichen Stillschweigen (zumindest in unserem Kloster) die Ausnahme, dass ich, wenn ich vorher keine Möglichkeit dazu hatte, auch während des Stillschweigens mit einer Mitschwester einen Konflikt klären kann. Auch Jesus ermuntert uns, Frieden zu schließen. Im Matthäusevangelium Kapitel 5, Verse 23–24 heisst es: „Wenn du deine Opfergabe zum Altar bringst und dir dabei einfällt, dass dein Bruder etwas gegen dich hat, so lass deine Gabe dort vor dem Altar liegen; geh und versöhne dich zuerst mit deinem Bruder, dann komme und opfere deine Gabe." Dies gilt sicherlich ebenso für Schwestern. Ich machte schon oft die Erfahrung, dass eine konstruktive Konfliktkultur besonders durch Prävention entsteht. Wir üben immer wieder, konfliktfähig zu sein – im gewöhnlichen Alltag. Bei grösseren Veränderungsprozessen haben wir uns bereits mehrfach durch externe Fachpersonen begleiten lassen. Es war für unsere Gemeinschaft (und weitere Beteiligte) sehr hilfreich, sich ganz auf die anspruchsvollen Fragestellungen einlassen zu können, weil der Prozess beispielsweise durch eine Supervisorin moderiert wurde. Auch die Kommunikation von Entscheidungen kann so sehr sorgfältig angegangen werden, was wiederum Konflikte verringert.

18. Fastet ihr im Kloster?
Ja, aber nicht nur in der vorösterlichen Bußzeit und nicht nur beim Essen. Wir lesen in der Bibel bei Jesaja, Kapitel 58, Verse 6–7, wie Gott zu uns mit eindringlichen Worten spricht: „… Das ist ein Fas-

ten, wie ich es liebe: die Fesseln des Unrechts zu lösen, die Stricke des Jochs zu entfernen, die Versklavten freizulassen, jedes Joch zu zerbrechen, an die Hungrigen dein Brot auszuteilen, die obdachlosen Armen ins Haus aufzunehmen, wenn du einen Nackten siehst, ihn zu bekleiden und dich deinen Verwandten nicht zu entziehen." Gutes tun. Solidarisch sein. Teilen. … Das geht heute einher mit einem achtsamen Umgang mit unseren Ressourcen (weniger Wasser brauchen, im Zug reisen statt mit dem Flugzeug, weniger und ökologischer heizen usw.). Es gibt selbstverständlich den Verzicht im Kloster. Es gibt – je nach Zeit im Kirchenjahr – das Fasten beim Essen. Aber es gibt auch das (vielleicht noch viel „härtere") Fasten beim Social-Media-Konsum, bei den Ansprüchen an die Ferien und vielem mehr. Die Auseinandersetzung mit Verzicht ist wichtig. Und das konkrete Üben von Verzicht. Damit übe ich auch, mich nicht an Dinge oder Wünsche zu klammern, sondern innerlich immer freier zu werden.

19. Wie viel verdienst du?

Schwestern und Brüder in einem christlichen Orden erhalten kein Gehalt. Sie leben ohne persönlichen Besitz, nämlich in Gütergemeinschaft – wie die ersten Christen. Falls sie ein Honorar durch externe Arbeit erhalten, kommt dieses Geld in die Gemeinschaftskasse. Für den Lebensunterhalt jeder Schwester sorgt die Gemeinschaft. In einigen Gemeinschaften gibt es ein kleines Taschengeld zur freien Verfügung. Für den Urlaub erhält jede Schwester den Betrag, den sie ausgeben möchte, ebenso für Weiterbildungen usw. Ein einfacher Lebensstil gehört zum Ordensleben. Dies schließt aber spezielle Erlebnisse wie Wallfahrten, gemeinsame Ausflüge oder kulturelle Events nicht aus.

20. Hat eine Schwester auch mal Urlaub? Wie erholt ihr euch?

Ja, Schwestern machen auch Urlaub, je nach Gemeinschaft zwei bis vier Wochen. Horizonterweiterung tut immer gut. Teilweise gehen

Schwestern in andere Klöster während des Urlaubs oder an einen anderen Ort, zum Beispiel in die Berge oder zu ihren Verwandten. Es gibt auch Schwestern, die zusammen eine mehrtägige Fahrradtour unternehmen, campen, wandern usw. In einigen Klöstern gibt es auch gemeinsame Ferien im Kloster. Es gibt in vielen Gemeinschaften neben den eigentlichen Urlaubstagen weitere Möglichkeiten, um innere und äußere Kraft zu schöpfen, zum Beispiel individuelle „Wüstentage". Das sind Tage der Stille und Besinnung, ohne äußere Arbeit, mit viel Zeit für sich und den persönlichen geistlichen Weg. Außerdem gibt es einzelne „Einkehrtage" in der Gemeinschaft, in denen spirituellen Fragen Raum gegeben wird und die Beziehung zu Jesus Christus besonders gepflegt werden kann. Die mehrtägigen „Exerzitien", das sind gemeinschaftliche oder persönliche Einkehrtage im Schweigen und mit spirituellen Impulsen, sind ebenfalls wichtige Kraftquellen für uns Schwestern.

21. Gibt es im Kloster Haustiere?
Das ist unterschiedlich: In vielen Klöstern gibt es Tiere, Haustiere und andere. Denn viele Klöster haben auch eine Landwirtschaft, die ihnen gehört(e). Haustiere wie Katzen oder Hunde „gehören" aber meistens nicht nur einer Schwester, sondern sind für alle da.

22. Darf ich noch Kontakt zu meinen Freundinnen und Freunden haben?
Diese Frage wird uns oft gestellt. Selbstverständlich sind Kontakte außerhalb des Klosters möglich. Je nach Aufgaben oder Orden gibt es jedoch neue Formen des Kontaktes. Es ist ähnlich, wie wenn du deinen Lebensmittelpunkt in ein anderes Land verlegst: Gute Freundinnen bleiben mit dir in Verbindung, lose Bekanntschaften lösen sich auf. Und, nicht zu vergessen: Neue Bekanntschaften und Freundschaften entstehen! Im Kloster gibt es zudem das große „Plus", als Mitglied einer „Großfamilie" mit vielen neuen Menschen in Beziehung zu treten, zum Beispiel auch mit den Herkunftsfamilien der Mitschwestern.

23. Was würde Jesus heute zum Klosterleben sagen?

Das ist eine sehr interessante Frage, die ich mir noch gar nie überlegt habe. Ich denke, dass Jesus uns herausfordern würde – wie er dies bei vielen Menschen in Palästina tat. Er würde wohl einiges in Frage stellen und unser Leben auf seine Glaubwürdigkeit hin anschauen. Er würde wahrscheinlich mit einigen Schwestern wunderbare Gespräche führen, andere liebevoll trösten und aufrichten und wieder andere mit klaren Worten auffordern, ihr Leben zu ändern. Oh, das wäre wirklich spannend, wenn Jesus in unsere heutigen Klöster kommen könnte. Doch im Grund ist er ja da, wenn wir auch ganz da, ganz gegenwärtig sind. Er begegnet uns in der Eucharistie, im Evangelium, in unseren Gebeten. Doch seine körperliche Anwesenheit würde uns sicherlich aus mancher „Komfortzone" herauslocken und unser Leben heilsam hinterfragen.

24. Seid ihr im Kloster Gott besonders nah?

Nein. Ordensfrauen können sich zwar bewusst Zeit nehmen, ihre Beziehung zu Gott zu pflegen. Dennoch sagt dies nichts aus über die Nähe zu Gott. Wir Menschen können Gott an ganz profanen Orten begegnen, nicht nur im klösterlichen „Ambiente". Wenn wir die Klöster als Orte der Spiritualität und Stille betrachten, dann sind Klöster manchmal jahrhundertealte „Kraftorte", an denen sich Menschen Gott besonders nahe fühlen.

25. Sind Handys erlaubt und gibt es WLAN im Kloster?

Ja. Wer ein Handy benötigt, hat eines. Es gibt auch Schwestern – vor allem ältere –, welche kein Handy möchten oder nötig haben. Auch hier gilt: Ich erhalte alles, was ich brauche. WLAN gibt es, wenn dies nötig ist für die Arbeit, fürs Studium usw. Es gibt aber in Klöstern sicherlich auch WLAN-freie Zonen. Zum Glück.

26. Wo lebt eine alte oder eine kranke Schwester?

Alte Schwestern oder Kranke erhalten selbstverständlich die Betreuung und medizinische Versorgung, welche für sie angemessen ist. Wenn immer möglich, bleiben sie im Kloster oder in der Gemeinschaft. Einige Ordensgemeinschaften haben besondere Abteilungen für pflegebedürftige oder demente Schwestern aufgebaut. Krankheit und Tod gehören zum Leben. Im Kloster werden sie nicht „ausgelagert". Wenn eine Schwester am Sterben ist, wird sie liebevoll begleitet. Das war für mich, Schwester Andrea, als junge Schwester sehr eindrücklich und wertvoll. Wenn eine Gemeinschaft eine kranke Schwester nicht (mehr) adäquat betreuen kann, wird der Übertritt in eine passende Institution überlegt. Die Schwester tritt zum Beispiel ins Pflegeheim der Stadt ein, weil sie in der Nähe der Gemeinschaft bleiben möchte, oder in eine Pflegestation einer anderen Ordensgemeinschaft.

27. Trinkt ihr Alkohol?

Einige ja, einige nein. Vor allem bei Feiern wie den kirchlichen Hochfesten, Namenstagen usw. (und davon gibt es viele) gönnen wir uns beim Mittagessen einen feinen Tropfen, sei es Wein, Saft, Mineralwasser … Es gibt hin und wieder auch Anlässe im größeren Rahmen, bei denen wir mit Gästen anstoßen.

28. Wie ernährt ihr euch im Kloster?

Wir ernähren uns möglichst gesund und legen Wert auf nachhaltig produzierte Lebensmittel. Die Küche ist ein wichtiger Ort innerhalb einer Gemeinschaft. In einigen Gemeinschaften kochen die Schwestern selbst, in anderen bereiten Angestellte die Mahlzeiten zu. Es gibt Klöster, welche weitgehend Selbstversorger sind, andere haben keinen Garten. Etwas Besonderes im Klosterleben ist, dass wir fast immer sehr regelmäßig unsere Mahlzeiten einnehmen. Es gibt selten Tage, an denen jemand nicht an den Tisch kommen kann. Fastfood hat darum keine Chance … Vielleicht werden Ordensleute darum tendenziell älter als die übrige Gesellschaft und erkranken erwiesenermaßen weniger an Demenz. In einigen Klöstern wird Fleisch und Fisch gegessen, in anderen nicht. In einigen Regionen gibt es reichhaltige Ernten mit feinen Früchten, Beeren usw., in anderen nicht.

Es gibt übrigens spezielle Kochbücher mit alten Rezepten aus dem Kloster und natürlich auch Bücher über die bekannten Kräutergärten in Klöstern.

29. Was machst du, wenn du einfach keine Lust zum Beten hast?
Dann bete ich trotzdem. Oder versuche es zumindest. Beten ist ja nicht nur „Sprechen mit Gott". Beten kann auch sein, dass ich beim Spazierengehen ein Wort oder einen Satz wiederhole – das Jesusgebet, einen Psalmvers – oder dass ich eine Gebetsgeste mache und einfach da bin.

30. Feiert ihr euren Geburtstag?
Ja, wir feiern vor allem die runden Geburtstage. Das größere Fest ist jedoch jeweils der Namenstag, jedenfalls in unserer Abtei. Da wir über kein persönliches Geld verfügen, gehen wir nicht einfach in die Buchhandlung, um ein Buch zu kaufen, das wir unserer Mitschwester schenken möchten. Aber: Wir beschenken uns gerne! Da ist Kreativität gefragt: Vielleicht gestalte ich eine persönliche Grußkarte, oder ich habe selber ein Geschenk erhalten, welches ich weitergebe. Bei uns erhält die Schwester bei einem gemütlichen Treffen mit der Äbtissin ein Geschenk – etwas, was sie sich vorher wünschte – und immer auch eine Überraschung dazu, eine Pflanze, etwas Süßes, Humorvolles … . Zum Glück geht Schenken auch auf nicht materielle Weise, durch eine nette Geste, indem ich eine Arbeit abnehme, für die Mitschwester bete, sie durch eine „Aufführung" erfreue und hochnehme usw. Der Phantasie sind keine Grenzen gesetzt …

31. Hast du ein eigenes Fahrrad oder Auto?
Nein. Aber wir haben als Gemeinschaft viele Fahrräder – für uns und unsere Gäste und die Auszeitleute. Und wir haben auch ein Auto und einen kleinen Bus. Doch alles dies gehört nicht einer Schwester privat, sondern uns allen.

32. Wie oft kann ich noch meine Familie sehen?

Das hängt vor der Gemeinschaft ab. Grundsätzlich ist ein Kontakt zu deiner Familie immer möglich – heutzutage ist dies online ja ohnehin kein Problem. In der eigentlichen Ausbildungszeit, dem Noviziat, gibt es in einigen Klöstern größere Einschränkungen der Kontakte. Das heißt nicht, dass deine Eltern und Geschwister nicht zu Besuch kommen können. Aber du kannst beispielsweise nicht zu jedem Geburtstag deiner Familienmitglieder reisen. Deine „neue" Familie ist ja nun die Klosterfamilie. In den allermeisten Ordensgemeinschaften geht es bezüglich Kontakten sehr menschlich zu und her. Wenn ein Elternteil schwer erkrankt, ist ein Besuch selbstverständlich möglich. Oder wenn du im Urlaub bist, triffst du dich mit deiner Familie und Bekannten. Und oft ergeben sich schöne Beziehungen zwischen der Ursprungsfamilie der Schwestern und der ganzen Gemeinschaft. Erkundige dich bei der Gemeinschaft, die dir gefällt, wie diese Kontakte gehandhabt werden.

33. Welche Klischeevorstellungen nerven euch am meisten?

„Das Klosterleben ist langweilig, völlig unnötig und Nonnen haben keine Ahnung, was in der Welt passiert." Diese Klischees „nerven" uns nicht. Sie stimmen uns eher traurig oder nachdenklich. Sie zeigen, dass viele Menschen leider keine persönlichen Kontakte mit Ordensleuten haben und darum auch die bereichernden Angebote vieler Gemeinschaften nicht kennenlernen. Weit verbreitet ist auch die Meinung, dass Ordensleute beim Eintritt in ein Kloster ihren freien Willen quasi „abgeben" und nur noch „gehorchen" müssen. – Wenn dem so wäre, dann wäre ich sicherlich nicht ins Kloster eingetreten. Ich finde es wichtig, aufbauend-kritisch und hinterfragend-hörend zu leben. Vor meinem Klostereintritt beobachtete ich die Schwestern genau und habe mich immer wieder neu verwundert, wie weitherzig und offen sie sind. Sie hinterfragten sich und ihr Leben durchaus kritisch. Ich nahm alles andere als „Uniformität" wahr, nämlich einen weiten Horizont, echte Glaubensfreude und spirituelle Auseinandersetzung. Wenn die innere Freiheit im Klosterleben nicht wächst, dann ist die Berufung wohl nicht echt (gewesen). Ich jedenfalls freue mich sehr, dass am Ende des Prologs der Benediktsregel steht: „... Wer im Glauben fortschreitet, dem wird das Herz weit und er bzw. sie läuft in unsagbarem Glück der Liebe den Weg der Gebote Gottes."

8

KONKRETE SCHRITTE ZU EINEM ORDENSEINTRITT UND DIE AUSBILDUNGSZEIT

8.1 Wie kann ich meine Gemeinschaft finden? Das Herz sprechen lassen ...

Der erste Schritt, eine Gemeinschaft kennenzulernen, ist nicht schwierig. Du klickst dich durch die Websites von verschiedenen Gemeinschaften. Dazu findest du im neunten Kapitel die entsprechenden Links. Bereichernd – und manchmal auch überraschend und amüsant – kann es auch sein, verschiedene Videos mit Zeugnissen von Ordensleuten anzuschauen. Das hast du wohl schon gemacht, nicht wahr? „klosterleben youtube" gegoogelt ...

Doch selbstverständlich ist vor allem das Kennenlernen im „real life" wichtiger und hilfreicher. Viele Klöster und Gemeinschaften bieten Schnuppertage wie „Kloster auf Zeit" oder Ähnliches an. Es gibt spezielle Angebote für junge Menschen wie eine längere Auszeit oder das freiwillige Ordensjahr. Vielleicht gehst du jedoch zuerst einmal einfach in einen Gottesdienst der Gemeinschaft und lässt die Liturgie, den Ort und die Menschen auf dich wirken. So kannst du erste Kontakte knüpfen.

Sehr schön ist es natürlich, wenn du bereits Kontakt hattest mit einer Ordensfrau oder einem Ordensmann. Das kann während deiner Schulzeit gewesen sein oder bei der Arbeit oder im Bekanntenkreis. Vielleicht kannst du die Person fragen, ob sie dir behilflich sein kann beim näheren Kennenlernen einer bestimmten Gemeinschaft. Ob sie den Kontakt zu einer Schwester herstellen kann oder dir eine Gemeinschaft empfiehlt, von der sie denkt, dass du sie kennenlernen solltest.

Wenn du dann erste Erfahrungen mit einer Gemeinschaft machst, wage weitere Schritte, zum Beispiel ein Gespräch mit den für die Ausbildung zuständigen Schwestern. So kannst du besser spüren, was für dich persönlich hilfreich ist auf deinem Entscheidungsweg. Bleibe über längere Zeit mit einer Gemeinschaft in Verbindung, damit deine Entscheidung reifen kann.

8.2 Kraftquellen für deine Suche

Du fragst dich: Wohin führt mich meine Sehnsucht nach dem „Mehr als alles"? Wie finde ich den Platz, wo ich hingehöre, wo ich mich engagieren möchte? Wie finde ich die richtige Klostergemeinschaft? Ist es überhaupt mein Weg, in einer klösterlichen Gemeinschaft zu leben? Darum: Schiebe diese Fragen nicht auf den letzten Platz deiner Prioritätenliste. Denn es ist wichtig, darauf eine Antwort zu finden. Es wäre schade, wenn du mit 60 oder 70 Jahren plötzlich merkst, dass du eigentlich „gelebt wirst". Wenn dir plötzlich bewusst wird, dass du gar nicht dein eigenes Leben geführt hast.

Es ist, wie wenn du eine lange Reise planst: Du brauchst für die Beantwortung dieser Fragen vor allem Zeit. Zeit für dich, Zeit für Gott. Zeit, um deinen Glauben zu stärken. Zeit, um die Beziehung mit Gott zu pflegen. Zeit, um herauszufinden, wie sich das Klosterleben „anfühlt", wenn du dich von ihm angezogen fühlst. Du benötigst Zeit, um deiner innersten Sehnsucht Raum zu geben – sie wortwörtlich zu ent-decken. Du deckst auf, was dich von deiner Sehnsucht abhält. Vielleicht sind dies die allzu vielen Aufgaben in

Beruf und Bekanntenkreis. Du hast Angst, ausgelacht zu werden, wenn du Fragen nach Gott stellst. Du befürchtest, nicht ernstgenommen zu werden, wenn du über deine Zukunft mit Gott sprechen möchtest. Was tun? Unser Tipp: Nimm dir Zeit und gönne dir Zeit. Nimm dir Zeit, um dir deine Zukunftsgestaltung zu überlegen. Es tut gut, sich solchen Fragen in einer anderen als der gewöhnlichen Umgebung zu stellen. Vielleicht bist du gerne unterwegs, auch alleine, und kannst dir bei mehrtägigen Wanderungen solche Gedanken machen. Oder du bist der Typ, der lieber geführte Exerzitientage erlebt oder ein Wochenende in einem Kloster. Wichtig ist es, dass du dir Zeit für dich alleine nimmst. Stille Zeiten fürs Gebet und fürs Hören auf deine innere Stimme.

Vielleicht tut dir auch eine längere Auszeit gut oder ein Freiwilligeneinsatz. In unserem Kloster Mariazell Wurmsbach kommen beispielsweise junge Frauen und Männer nach Abschluss einer Ausbildung oder auch nach einigen Jahren Berufsausübung in eine längere Auszeit. Die meisten sind zwischen 23 und 34 Jahre alt sind. Viele haben eine oder mehrere Ausbildungen erfolgreich abgeschlossen und fragen sich: „Wo möchte ich mich engagieren? Was gibt mir wirklich eine tiefe Befriedigung, einen Sinn in meinem Leben? Wo und mit wem möchte ich leben?" Es gibt viele Angebote für eine längere Auszeit im In- und Ausland: in der ökumenischen Brüdergemeinschaft in Taizé, beim Volunteering der Jesuiten, bei den Don Bosco Volunteers usw.

Wenn du dir während einigen Monaten bewusst Zeit für deine „großen" Lebensfragen nimmst und dabei eine gute Begleitung hast, können sich dir neue Wege eröffnen. Du spürst, welcher Schritt für dich als Nächstes ansteht. Das kann eine neue Arbeitsstelle sein, ein Wechsel des Lebensmittelpunktes – oder auch die Entscheidung für ein intensiveres Glaubensleben; vielleicht der Weg in ein neues Engagement als Christin. Eine gut genutzte „Pausen-Zeit", ein konsequenter „Break" in deinem Lebensalltag … Dies kann für dich zu einer großen Quelle innerer Kraft werden.

Eine weitere Kraftquelle für dich kann es sein, wenn du deine Gedanken und Empfindungen aufschreibst. Es hilft, die Erlebnisse, die Atmosphäre, die Erkenntnisse aus Gesprächen, Inspirationen aus Gottesdiensten usw. nach einiger Zeit wieder wachzurufen. Vielleicht zeichnest du gerne oder machst Musik oder liebst es, deine Gefühle beim kreativen Schaffen auszudrücken. Eine große Hilfe sind selbstverständlich auch längere persönliche Gespräche mit Menschen, die über eine gute Lebens- und Glaubenserfahrung verfügen. Ein Gespräch mit einer Ordensfrau oder einem Ordensmann, einer Seelsorgerin, einem Priester usw. kann dir Licht und Orientierung bringen und deine Suche beflügeln.

Als Kraftquelle dient dir ein „entrümpelter" Alltag. Was meinen wir damit? Es geht darum, dass du deinen Alltag neu strukturierst. Genauso wie minimalistisch lebende Menschen ihre Wohnung usw. „entrümpeln", schenken dir kurze „Pausen" während des Tages einen freien Kopf und neue Gedanken – Pausen als eine Art „Entrümpelungs-Phasen". Was meinen wir mit „Pausen"? Das kann ein bewusster Tagesanfang sein, fünf Minuten Stille am Mittag und dann ein bewusster Tagesabschluss mit einem Gebet, einer Lesezeit, einem Spaziergang … Gestalte deine Tage mit deinen persönlichen Ritualen. Es tut gut, eine gewisse Regemäßigkeit in seinen Alltag zu bringen – kostbare Momente, in denen ich ganz bei mir sein kann.

Das Lesen in der Bibel und das persönliche Gebet sind wesentliche Kraftquellen, wenn du mit Jesus deinen Weg gehen möchtest. Sie bieten Hilfe zur Selbstreflexion und Selbsterkenntnis und zeigen auf, welche Wege Gott mit den Menschen geht. Vielleicht wünschst du dir eine gute Hinführung zum Bibellesen und zum persönlichen Beten. Es gibt dafür verschiedene Hilfestellungen, seien es Bücher, eine Berufungs-App, Exerzitien für junge Menschen, Exerzitien im Alltag, verschiedene Kurse der Bistümer, Videos und vieles mehr. Wenn du nicht genau weißt, wie du das richtige „Tool" für dich findest: Frage einen Menschen, der selber auf seinem Glaubensweg bereits ein Stück weiter ist als du. Auch die Website zu diesem Buch kann dir neue Impulse schenken.

8.3 Der individuelle Weg ins Kloster

Es gibt Menschen, die bereits im Kindesalter wissen, dass sie in ein Kloster eintreten möchten. Und es gibt Menschen, die nach einem langen Ringen in reiferem Alter diese Entscheidung treffen. Es gibt Menschen, die in einer „katholischen" Welt aufwachsen, und solche, die über viele Umwege den Weg in die katholische oder evangelische Kirche und dann ins Ordensleben finden. Kurz gesagt: Es gibt so viele Wege ins Kloster, wie es Menschen in Klöstern gibt. Und darum ist dieses Kapitel sehr kurz. Warum? Weil es den einen, „klassischen" Weg ins Kloster nicht gibt. Es gibt nur deinen ureigenen, individuellen Weg, meinen ganz persönlichen Weg. So laden wir dich ein: **Schreibe dein eigenes Kapitel zu diesem Titel ...**

Und wenn du mehr über Lebenswege wissen möchtest, die Menschen schlussendlich in ein Kloster führten, lies weiter in Kapitel 6 oder nimm andere Bücher mit persönlichen Zeugnissen zur Hand, zum Beispiel „Um Gottes willen", das 2020 erschienen ist.

8.4 Der abenteuerliche Weg ins Kloster: vom Eintritt bis zur Feierlichen Profess

Wie geht der „Eintritt" in ein Kloster? Welche Etappen sind vorgesehen? Wir stellen hier einige der wesentlichen Stationen vor, wobei dies je nach Gemeinschaft unterschiedlich aussehen kann. Es gibt auch unterschiedliche Begriffe in der Ausbildungszeit. Doch stets geht der Weg von außen nach innen, vom äußeren Kennenlernen bis zum inneren Mitgehen in einer gewählten Gemeinschaft.

Vor dem eigentlichen Klostereintritt ist eine längere Zeit des gegenseitigen Kennenlernens wichtig. Interessierte leben für einige Zeit im Kloster mit. Sie verbringen sozusagen „Schnuppertage" in der Gemeinschaft, um die Atmosphäre zu spüren, den Alltag teilweise mitzuerleben und die Schwestern näher kennenzulernen.

All das ist absolut unverbindlich. Du kannst dich wieder verabschieden. Vielleicht möchtest du andere Gemeinschaften kennenlernen. Vielleicht spürst du auch, dass dir das Ordensleben fremd bleibt und dein persönlicher Weg in eine andere Richtung führt. Das ist selbstverständlich völlig in Ordnung. – Wenn dich jemand aus dem Orden irgendwie an die Gemeinschaft „binden" möchte, dann sei hellhörig – und kritisch! Geh deinen eigenen Weg und höre auf die leise Stimme Gottes in dir! Diese Zeit der Begegnung und des ersten Kennenlernens wird in gewissen Orden auch Aspirantat genannt.

Wenn dann eine Interessentin das Gefühl hat, in diese Gemeinschaft zu passen, und wenn es die Verantwortlichen dort ebenso sehen, kann eine Frau um Aufnahme bitten. Somit beginnt dann die Zeit innerhalb des Klosters oder der Gemeinschaft. Zuerst siehst du hier eine kurze Aufzählung, die nachher erläutert wird:

Eintritt ins **Postulat**, in die **Kandidatur**, 6 Monate bis 2 Jahre
Das **Noviziat**, 1 bis 2 Jahre
Die **Zeitliche/Erste Profess** (Gelübde oder Versprechen), meistens für 3 Jahre (verlängerbar)
Die **Feierliche Profess/Ewigen Gelübde**, die definitive und lebenslange Bindung

Zum 1. Schritt: das sogenannte Postulat oder die Kandidatur
Die Postulantin oder Kandidatin lebt (noch ohne Ordenskleid) in der Gemeinschaft. Diese Zeit dient zur weiteren Klärung der Berufung. Die Kandidatin oder Postulantin macht konkrete Erfahrungen im Gemeinschaftsleben und prüft, gemeinsam mit den Verantwortlichen der Gemeinschaft, ob sie den nächsten Schritt, die eigentliche Ausbildung im Kloster, wagen möchte. Selbstverständlich kann jede Frau diese Zeit abbrechen und das Kloster verlassen, wenn sie spürt, dass es nicht der richtige Ort für sie ist oder dass diese Lebensform doch nicht zu ihr passt.

Zum 2. Schritt: das Noviziat

Zu Beginn des Noviziates wird in vielen Klöstern die „Einkleidung" gefeiert. Das heißt: Die Kandidatin/Postulantin erhält das Ordenskleid. Die Noviziatszeit ist eine intensive Ausbildungszeit im Kloster bzw. Orden. Dazu gehört die Beschäftigung mit der Bibel, mit der Ordens- und Klostergeschichte, also die theoretisch-theologischen Inhalte des Ordenslebens. Die Novizin vertieft ihre persönliche Gebetspraxis und setzt sich mit der Lebensregel der betreffenden Gemeinschaft auseinander. Sie lernt die Ordensregel und die Konstitutionen kennen und setzt sich mit der Spiritualität des Ordens auseinander. Gemäß der spezifischen Ausprägung der unterschiedlichen Gemeinschaften kommen weitere Ausbildungsthemen dazu, wie beispielsweise Liturgie, Gesang und Persönlichkeitsbildung – in internen und externen Kursen usw. Gegen Ende des Noviziates steht zudem die Auseinandersetzung mit den Gelübden im Fokus. Auch das Noviziat dient der gegenseitigen Prüfung, ob dies die richtige Lebensform ist. Darum kann eine Novizin nach reiflicher Überlegung und im gemeinsamen Gespräch entscheiden, ihren Lebensweg wieder außerhalb des Klosters zu gehen. Sie hat noch keine Gelübde oder Versprechen abgelegt und ist frei, das Kloster oder die Gemeinschaft wieder zu verlassen.

Zum 3. Schritt: die Ablegung der Zeitlichen Profess

Es ist die erste Bindung an die konkrete Gemeinschaft und dauert meistens drei Jahre. Die Professin legt die Gelübde des Gehorsams, der Ehelosigkeit/Keuschheit und der Armut ab. Je nach Orden auch die Beständigkeit in der Gemeinschaft oder weitere Versprechen bzw. Gelübde. Die Schwester lebt für den versprochenen Zeitraum verbindlich als Mitglied in der Gemeinschaft und macht eventuell eine (Zusatz-)Ausbildung, welche dem Ordensprofil dient. Diese Zeit wird je nach Orden auch Juniorat genannt. Die Gelübde werden teilweise für weitere zwei Jahre erneuert. Wenn sowohl die Schwester als auch die Gemeinschaft überzeugt sind, dass die Schwester geeignet ist für dieses Leben, folgt die Bindung auf Lebenszeit.

Zum 4. Schritt: die Feierliche/Ewige Profess oder Ablegung der Ewigen Gelübde

Mit der Feierlichen Profess am Ende der Probezeit kann sich die Schwester definitiv und lebenslang an die konkrete Gemeinschaft binden – nach fünf bis zehn Jahren. Die Schwester wird somit ein „Vollmitglied", mit allen Rechten und Pflichten. Sie zählt auf die anderen und ihre Mitschwestern zählen auf sie, was immer das Leben bringen mag. Dieses Engagement auf Lebenszeit wird meistens als große Feier gestaltet, ähnlich wie eine Hochzeit. Die Feierliche Profess wird in einem öffentlichen Gottesdienst abgelegt. Anschließend feiert die Gemeinschaft ein frohes Fest mit der Herkunftsfamilie der Schwester und vielen weiteren Gästen.

Übrigens: Wenn du dein endgültiges „Ja" zu einer Gemeinschaft sagst, dann bist du nicht am Ziel deiner Reise. Dann dies ist wiederum „nur" ein Anfang. Seine Regel sei für Anfängerinnen und Anfänger, schreibt der heilige Benedikt am Ende seiner Regel. Das ist sehr entlastend und befreiend. Ich muss nie ganz „angekommen" sein. Ich darf mich auch nach 20 oder 50 Ordensjahren manchmal fehl am Platz fühlen, mich wie eine Anfängerin auf dem geistlichen Weg erleben. Die französische Mystikerin Madeleine Delbrêl (1904–1964) schreibt dazu: „Der Tag der Profess ist nicht ein Tag der Ankunft, sondern der Abfahrt". Wie schön, dass die „Abenteuerfahrt" Klosterleben somit wiederum neu beginnt. Etwas Wichtiges zum Anfang schreibt Hermann Hesse 1941 in seinem bekannten Gedicht „Stufen": „... Jedem Anfang wohnt ein Zauber inne ...". Eine Faszination. Eine Motivation, die durchträgt. Eine Anfangsfreude, eine Liebe, die immer wieder aufleuchtet – auch in einem sehr langen Ordensleben.

Viele ältere Schwestern geben durch ihr bewusst gelebtes Ordensleben davon Zeugnis: Ein Strahlen in den Augen, wenn sie vom Noviziat erzählen. Ein Lächeln, wenn sie ein Foto von ihrer Ersten Profess anschauen. Ein tiefer Friede im Gesicht, wenn sie an den Tag ihrer Ewigen Profess denken. „Ihre erste Liebe" trägt. Trägt durch helle und dunkle Tage. Ein Anfang, eine Liebe, die ein Leben lang trägt. Das kann in einem geglückten Ordensleben Wirklichkeit werden.

FAQ Teil 2: 44 Fragen zu Kloster, Glaube, Kirche

34. Was ist das eigentlich, ein Kloster?
Ein Kloster ist ein Ort, an dem Menschen in einer religiösen Lebensgemeinschaft zusammenwohnen, beten und arbeiten. Das gemeinsame christliche Leben hat seinen Ursprung in der Gemeinschaft der Urkirche (vgl. Apostelgeschichte 2, 42–47 und 4, 32). Ein Kloster besteht aus verschiedenen Gebäuden, die oft miteinander verbunden sind durch den sogenannten Kreuzgang. Der Begriff „Kloster" stammt vom lateinischen Wort *claustrum* (verschlossen) ab und betont, dass Nonnen und Mönche in einem von der Außenwelt abgeschlossenen Bereich leben, früher teilweise autark, das heißt als – auch wirtschaftlich unabhängige – in Selbstversorgung. Übrigens: Nicht alle Mitglieder von Ordensgemeinschaften leben in einem Kloster. In anderen Sprachen spricht man von *monastery* (englisch) oder *monasterio* (spanisch). Dies leitet sich vom Wort „Mönch" ab (nach altgriechisch *mónos*, „allein)." Heute gibt es neben den katholischen Klostergemeinschaften auch evangelische oder ökumenische. Und es gibt bekanntlich auch hinduistische oder buddhistische Klöster.

35. Warum betet ihr so viel?
Was bedeutet „viel"? Wenn es um die Anzahl der Gebetszeiten geht, sind diese sehr unterschiedlich. In monastischen Klöstern wird meistens siebenmal am Tag gebetet, gemäß dem Bibelwort: „Siebenmal am Tag singe ich dein Lob" (Psalm 119, 164). In anderen Gemeinschaften treffen sich die Schwestern morgens und abends zum ge-

meinsamen Gebet und pflegen persönliche Anbetungsstunden vor dem Allerheiligsten oder weitere Gebetsformen. Wenn mit „viel" die Anzahl der Minuten gemeint ist, dann ist dies wiederum sehr relativ. Es gibt Menschen, welche täglich 120 Minuten oder mehr für ihren Arbeitsweg benötigen. Da sind die zwei bis vier Stunden Gebet (je nach Gemeinschaft) nicht unbedingt „viel". Zum gemeinsamen Gebet kommt immer noch das persönliche Gebet dazu. Denn eine Beziehung braucht Pflege. Auch die Gottesbeziehung. Die Beziehung zu Jesus. In Ordensgemeinschaften haben wir den „Luxus", festgelegte Gebetszeiten zu haben und uns immer wieder nach dem „Größeren", nach Gott auszurichten.

36. Warum gibt es Klöster?

Das ist eine spannende Frage. Klöster sind Orte, wo Menschen intensiv dem Geheimnis „Gott" nachspüren. Und zwar dem „Leben in Fülle", wie es Jesus sagt (Johannes 10, 10). Die meisten Menschen fragen sich irgendwann einmal im Leben: „Woher komme ich? Warum lebe ich? Was geschieht, wenn ich sterbe?" Klöster sind Orte, in denen diesen Grundfragen vertieft nachgegangen wird – und dies nicht nur im Christentum. In Klöstern spielt Religion die „Hauptrolle". Nun kommst du wohl mit der Frage: Warum gibt es Religionen? Kurz erklärt: Religionen sind entstanden, weil wir Menschen nicht alles rational erklären können, insbesondere wichtige Lebensthemen wie zum Beispiel: Freundschaft, Liebe, Umgang mit Leid, Sinn des Lebens. Religionen geben Antworten oder Hilfestellungen zu Fragen wie: „Wie kann ich so leben, dass es mir und meinen Nächsten gut geht? Wie gehe ich mit Trauer und Angst, mit Erfolg und Misserfolg um? Welche Grundüberzeugungen helfen mir? Wie gelingt mein Leben?" In Klöstern leben Menschen, die gemeinsam im Glauben unterwegs sind. Klöster haben oft eine jahrhundertealte Ausstrahlung. Es sind spirituelle Zentren und Kraftorte, in denen Gäste ihren Lebensfragen nachgehen und Impulse für ein gelingendes Leben mitnehmen können.

37. Welche Arbeiten und Aufgabenbereiche gibt es im Kloster?

Es gibt die Arbeiten im Klosterhaushalt, in Verwaltung, Gästebetreuung, Liturgie … Da Klöster auch Orte der Begegnung sind, gibt es viele Angebote und Aufgabenbereiche, welche zu den „innerklösterlichen" Arbeiten dazukommen, je nach Ausrichtung der Gemeinschaft und Ausbildung der Schwestern. Die Liste der Arbeiten und Aufgaben wäre viel zu lang für dieses Buch. Wir zählen hier nur kurz einige eher unbekannte Arbeiten von Schwestern auf, damit du die Vielfalt erahnen kannst:

- Gesundheitszentren in abgelegenen Gebieten Afrikas aufbauen
- Die Gassenküche in einer Großstadt betreuen
- Ein Duales Gymnasium (Abitur plus Gesellenbrief) führen
- Kunsthandwerk in der Textilwerkstatt betreiben
- Neue geistliche Literatur in andere Sprachen übersetzen
- Einen Permakulturgarten anlegen
- Den Onlineshop der Abtei auf den neuesten Stand bringen
- Gesänge für Gottesdienste komponieren
- Die Ausbildung von ausgebeuteten jungen Mädchen in Indien ermöglichen
- Einen modernen Gästekomplex planen
- Wortgottesfeiern für Drogenabhängige vorbereiten
- In einer Wohngruppe Jugendliche ins Erwachsenenleben begleiten
- Die Verwaltung eines Bistums führen
- Ein Palliativ-Care-Konzept erarbeiten
- Als Social Media Managerin der Kongregation arbeiten
- Eine neue Biobrotsorte entwickeln
- Das Angebot der Besinnungstage neu konzipieren
- Im Klostergasthaus Menschen mit Behinderung fördern
- Eine neue Klosterbroschüre entwerfen
- Als Seelsorgerin Glaubenskurse mit suchenden Menschen durchführen

- In der hauseigenen Restaurierungswerkstatt Gemälde fachkundig restaurieren
- Einen Wallfahrtsort betreuen
- Neue Formen der Viehzucht entwickeln und die Käseproduktion modernisieren
- Kurse anbieten für Bewusstseinsbildung zum ökologischen Handeln im Alltag
- Als Fachfrau Kommunikation die Projekte des Ordens publik machen
- Und vieles mehr …

38. Es gibt sehr verschiedene Orden und Gemeinschaften. Wie orientiere ich mich?

Frauen, die neu ins Kloster eintreten und das Noviziat beginnen, sind eine Seltenheit. Veränderte Lebensbedingungen, gesellschaftliche Veränderungen, wirtschaftliche Unabhängigkeit von Frauen – all das können Gründe für die kleinere Anzahl von Neueintritten sein. Doch Zahlen sind nicht das Wichtigste. Es geht um Menschen. Die unmittelbare Erfahrung und der Austausch mit Ordensleuten gehören heute zu seltenen Momenten für viele Menschen. Selbst am Klosterleben interessierte Frauen haben wenig Gelegenheit, sich in der direkten Begegnung zu informieren. Erfahrungsberichte aus erster Hand, vor allem auch Begegnungen und Gespräche mit (jungen) Frauen, die den Weg in ein klösterliches Leben suchen, sind nicht selbstverständlich. Wer gedanklich bereits so weit fortgeschritten ist, sich vorstellen zu können, in einen Orden einzutreten, hat die nächste Hürde zu meistern. Wie und wo soll ich den Orden finden, der zu mir passt? Gerade wenn bisher noch keine Kontakte zu einem Kloster geknüpft werden konnten, ist es schwierig, sich zu orientieren. Die Vorstellung, was das Leben in einem Kloster oder einer klösterlichen Gemeinschaft beinhaltet, kann weit von der Realität abweichen. Wie also vorgehen? Unsere Berufungsgeschichten in Kapitel 6 zeigen: Der Weg in ein Kloster ist so individuell, wie die Menschen es sind, die darin leben. Manche Schwester fühlte sich von Beginn an von einem bestimmten Ort angezogen. Eine andere musste viele Stationen durchlaufen, bis sie „ihren" Platz gefunden hat. „Die Suche nach deiner eigenen Berufung ist also eine zweifache: Zum einen gilt es herauszufinden, ob du grundsätzlich zu einem geistlichen Leben gerufen bist – und wenn ja, in welcher Form." (Himmelstürmer, S.100)

39. Welches sind die Voraussetzungen für einen Klostereintritt?
In aller Kürze: Du bist getauft (ob als Kind oder Erwachsene), volljährig, nicht verheiratet und hast keine tiefgreifenden und bleibenden Verpflichtungen (eigene Kinder usw.). Die meisten Klöster nehmen nur Interessentinnen auf, die eine abgeschlossene Berufsausbildung oder einen Studienabschluss vorweisen können. Einige Klöster haben auch eine Altersobergrenze. Das Wichtigste ist jedoch: Du willst Jesus Christus in einer Ordensgemeinschaft nachfolgen und in Gemeinschaft Gott suchen. Und du verfügst über eine altersgemäße emotionale Reife, eine gewisse Lebenserfahrung und bist beziehungs- und gemeinschaftsfähig.

40. Wie finanziert sich ein Kloster? Wovon lebt ihr im Kloster?
Von Luft und Liebe ... Nein, ernsthaft: Wir leben *auch* von Luft und Liebe, aber selbstverständlich haben wir materielle und andere Bedürfnisse und Aufgaben – z. B. die Verantwortung für Mitarbeitende. Dafür arbeiten wir in verschiedensten Bereichen. Wir haben als Ordensleute keinen persönlichen Lohn, sondern eine Gütergemeinschaft, in die alles hineinfließt, was wir erwirtschaften. Wir teilen alles geschwisterlich. Auch wir bezahlen Krankenkasse, Versicherungen, Fahrkarten, Kleider, Heizung, Strom, Bücher, ICT, Löhne der Mitarbeitenden, Gebäudeunterhalt, Renovierungen, Nahrung, Tierfutter, Gartengeräte und vieles mehr. Jedes Kloster bzw. jede Kongregation ist also auch ein KMU, wie wir dies in der Schweiz nennen: ein kleines oder mittleres Unternehmen (mit weniger als

250 Beschäftigten). Somit leben wir – wie die meisten Menschen – von unserer Arbeit. Manchmal meinen Leute, wir erhalten Kirchensteuern. Das ist nicht der Fall. Klöster erhalten keine Kirchensteuern. Viele sind wirtschaftlich autonom unterwegs. Für einige Klöster sind Spenden oder Legate wichtig, andere führen oder verwalten Landwirtschaftsbetriebe, bewirtschaften Wälder oder vermieten Land im Baurecht (Erbpacht). Klöster führen teilweise große Gästehäuser oder Schulen, bieten Kurse an oder verkaufen selbsthergestellte Produkte im Klosterladen. Wenn eine Schwester extern arbeitet und zum Beispiel als Lehrerin, Seelsorgerin oder Ärztin ein Honorar erhält, dann geht dieser Verdienst in die gemeinsame Kasse. Also etwas Ur-Christliches, wie es in der Apostelgeschichte heißt: „… Sie hatten alles gemeinsam" (4, 32).

41. Was bedeutet „Klausur"?
Dies sind die Bereiche im Kloster, die nicht öffentlich zugänglich sind, zum Beispiel der Kreuzgang, das Refektorium oder der Klostergarten. Zutritt haben nur die Schwestern.

42. Warum gibt es den Klausurbereich?
Dürfen wir die Frage umdrehen: Warum hast du eine eigene Wohnung oder ein eigenes Haus und ein eigenes Schlafzimmer? Dazu kommt, dass die Klausur ein Raum der Stille ist, die uns hilft, in der Tiefe verankert zu bleiben.

43. Was geschieht, wenn eine Schwester krank wird?
Wenn ein Mitglied einer Ordensgemeinschaft erkrankt, physisch oder psychisch, erfährt diese Schwester oder dieser Bruder die bestmögliche Behandlung. Auch im Kloster gibt es alle Arten von Erkrankungen; die gleichen wie in der übrigen Gesellschaft. Teilweise ist eine Auszeit nötig oder weitere Maßnahmen. Wenn jemand jedoch noch nicht eingetreten ist, aufgrund der Gespräche und Kontakte jedoch als psychisch krank oder zumindest labil eingeschätzt

wird, kann die interessierte Person nicht aufgenommen werden. Es besteht eine große Wahrscheinlichkeit, dass sie den Anforderungen des Ordens mit seinem intensiven Gemeinschaftsleben usw. nicht gewachsen ist. Einige Gemeinschaften verlangen ein Gesundheitsattest und andere ein eigentliches Assessment, das heißt eine Eignungsüberprüfung bezüglich der Belastbarkeit, Reife, persönlicher Integrität, Resilienz usw. – meistens durch externe, unabhängige Personen. In diesen Gemeinschaften wird nicht nur nach den spirituellen Motivationsgründen gefragt, sondern auch nach Abklärungsunterlagen, die zeigen, ob jemand psychisch gesund ist. Wenn man neben dem religiösen Aspekt den Bereich des Arbeitseinsatzes anschaut, ist dies sehr einleuchtend.

In den vergangenen Jahren und Jahrzehnten gab es leider massive Grenzüberschreitungen bis hin zu spirituellem, sexuellem und andersartigem Missbrauch – durch männliche und weibliche Ordensmitglieder. Somit ist es sehr wichtig, die Eignung einer Kandidatin im Voraus genau abzuklären. Insbesondere, wenn die Ordensgemeinschaft in der Seelsorge oder in der Betreuung oder Bildung anvertrauter Menschen tätig ist.

44. Wer leitet eine Ordensgemeinschaft, ein Kloster?

Grundsätzlich ist in einem Frauenkloster eine Frau in der Leitung, unterstützt von Ratsschwestern. Die Bezeichnung variiert je nach Ordenstradition: Eine „Äbtissin" ist Leiterin einer sogenannten „Abtei", also meistens eines Klosters mit benediktinischen Wurzeln. Das Wort stammt von „Abbas", Vater. Eine Äbtissin ist also die „Mutter" der Gemeinschaft. Sie wird in freier Wahl von den Ordensschwestern gewählt, teilweise mit einer definierten Amtsdauer (beispielsweise 12 Jahre), teilweise auf unbestimmte Zeit (maximal bis zum 75. Geburtstag). Eine sehr bekannte Äbtissin war die heilige Hildegard von Bingen. In anderen Gemeinschaften, zum Beispiel bei den Dominikanerinnen, gibt es Priorinnen. Bei den Kapuzinerinnen wird die Schwester mit der Hauptverantwortung als Frau Mutter oder Oberin bezeichnet. In Kongregationen gibt es weitere Bezeichnungen: Hausoberin, Generaloberin, Provinzleiterin oder beispielsweise die Regionalin bei den Kleinen Schwestern Jesu. Die Klosterleiterinnen tragen eine große Verantwortung, sowohl spirituell wie auch wirtschaftlich. Selbstverständlich werden auch externe Fachpersonen in gewissen Bereichen miteinbezogen, zum Beispiel in der Verwaltung oder Personalverantwortung. Die Leitungsverantwortung ist somit breiter abgestützt.

45. Was ist der Unterschied zwischen einer Nonne und einer Schwester?
Eine „Nonne" gehört einem sogenannten „monastischen" Orden an. Der Begriff ist das Pendant zu „Mönch". Das heißt: Sie ist Benediktinerin, Zisterzienserin, Trappistin, Klarissin, Karmeliterin und eventuell Dominikanerin (es gibt monastisch lebende Dominikanerinnen und andere). Sie lebt in einem kontemplativen Kloster mit einer Klausur, d. h. einem Privatbereich nur für Schwestern. Meistens arbeitet sie innerhalb des Klostergeländes.

Eine „Schwester" ist Mitglied einer anderen „Kategorie" von Klöstern oder einer Kongregation. Sie arbeitet oft in Einrichtungen dieser Kongregation (Spitäler, Heime, Tagungshäusern usw.) und ist nicht ortsgebunden. Das heißt, dass ihr Einsatzgebiet wechseln kann. Teilweise sind Gemeinschaften international tätig.

P.S: Wir haben noch einen kleinen Wunsch. Gerne werden wir mit unserem Namen angesprochen und nicht nur als „Schwestern-Neutrum". Also nicht nur: „Guten Tag, Schwester. Wo ist der Speisesaal, Schwester?", sondern bitte: „Danke, Schwester Ruth. Wo finde ich die Kirche, Schwester Madeleine?" – Danke!

46. Warum tragen viele Schwestern einen Schleier?
Im Mittelalter trugen verheiratete Frauen einen Schleier. Das Ordensgewand war ursprünglich die einfache Bekleidung der Bevölkerung. Der Schleier war bei Ordensfrauen ein Zeichen ihrer Zugehörigkeit zu einem bestimmten Orden. In der heutigen Zeit gehört

der Schleier aus Tradition zum Ordenskleid. Es gibt jedoch manche Schwestern, die zivile Kleidung tragen und darum auch keinen Schleier mehr.

47. Kann ich als evangelische Frau auch ins Kloster gehen?
Ja. Es gibt auch evangelische Gemeinschaften und ökumenische. Dort kannst du eintreten. Andererseits kannst du als evangelische Christin nicht in ein katholisches Kloster eintreten, es sei denn, du konvertierst zum katholischen Glauben. Die Lebensweise in evangelischen Gemeinschaften ist teilweise einem katholischen Kloster sehr ähnlich. Es gibt neuere Modelle von spirituellen Zentren. Drei Beispiele: die Communität Casteller Ring auf dem Schwanberg in Bayern, die nach der Benediktsregel lebt, die Kommunität Diakonissenhaus Riehen oder die ökumenische Kommunität von Grandchamp (hauptsächlich französischsprachig), beide in der Schweiz.

48. Gibt es ein Mindestalter, um einzutreten?
Das ist unterschiedlich. Viele Gemeinschaften legen Wert darauf, dass eine interessierte Frau eine abgeschlossene Ausbildung oder einen Studienabschluss vorweisen kann. Außerdem gehört eine angemessene menschliche, emotionale Reife, eine gewisse Lebenserfahrung und vor allem auch eine gesunde Beziehungsfähigkeit dazu, um sich einer Gemeinschaft anzuschließen. Darum ist dies wohl mit 20 Jahren zu früh. Ein Maximalalter gibt es nicht bzw. dies legt jede Gemeinschaft individuell fest. Über 40-Jährige wiederum haben oft Mühe, sich mit den „Kleinigkeiten" des gemeinsamen Alltags anzufreunden. Das passende Alter ist letzten Endes kaum in Zahlen zu fassen. Um die Tragweite des Ordenseintritts fassen zu können, braucht es Lebenserfahrung und Reife. Darüber hinaus fällt es leichter, sich in eine Gemeinschaft und ihre Regel einzufügen, wenn das eigene Leben noch nicht zu starr in Strukturen und Vorstellungen gefangen ist. Je älter wir werden, desto schwerer fällt es den meisten, sich an Veränderungen anzupassen. Wo diese Spanne in Zahlen ausgedrückt anfängt

und ab wann sich das Zeitfenster für den Einstieg ins Ordensleben schließt, ist abhängig von der Persönlichkeit jeder einzelnen Aspirantin – und von den geltenden Regeln einzelner Orden.

49. Kann ich auch nur für einige Monate ins Kloster gehen?

Ja, einige Klöster bieten diese Möglichkeit an. Dann wirst du dort zu Gast sein. Es gibt manchmal die Möglichkeit, „Kloster auf Zeit", eine Auszeit im Kloster oder ein freiwilliges Ordensjahr zu nutzen. Dies können wichtige Monate sein, wenn du dir die Frage stellst, ob du zum Ordensleben berufen bist. Du lernst die Gemeinschaft besser kennen, erlebst die Atmosphäre und kannst mit Schwestern Gespräche führen.

50. Wann und wie gehe ich im Kloster in Rente?

Grundsätzlich nie. Das ist etwas vom Schönsten im Ordensleben. Es ist eindrücklich, wie wertvoll hochbetagte Schwestern in der Gemeinschaft sind – einerseits durch die wichtigen kleinen Dienste, die sie verrichten, andererseits aber vor allem durch ihre gelebte Treue und Hingabe. Es tut einfach gut, wenn einem eine ältere Schwester zuzwinkert und leise sagt: „Ich bete für dich". Die ältere Mitschwester fühlt wiederum die Wertschätzung der Gemeinschaft. Durch ihr Gebet kann sie bis zum letzten Atemzug viel Gutes wirken. Übrigens: Selbstverständlich erhalten die Mitglieder bzw. die Gemeinschaft die vom Staat vorgesehenen Sozialleistungen.

51. Gibt es auch Schwestern, die rauchen?

Ja, leider. Aber es ist sicherlich eine sehr kleine Minderheit. In unserem Leben geht es stets darum, frei zu sein. Also auch frei von einer Sucht. Aber wir sind Menschen. Menschen mit einer großen Sehnsucht. Und hin und wieder auch mit einer Sucht. Es ist eine ständige, lebenslange Aufgabe, frei zu werden *von* … und frei zu sein *für* …

52. Warum stehen Schwestern oft so früh auf?

Wenn du den Tagesablauf bei der Frage 6 durchliest, kannst du die Frage vielleicht selbst beantworten. Wir möchten den Tag voll ausnutzen und brauchen vor allem die Zeit frühmorgens, um unsere Beziehung zu Gott und unsere Christus-Nachfolge immer wieder zu stärken. Früh aufstehen ist übrigens lernbar. Ich, Schwester Andrea, bin grundsätzlich ein Abendmensch. Aber der frühe Morgen mit seiner fast „zarten" Stille gefällt mir immer mehr, je älter ich werde.

53. Wie läuft ein Klostereintritt ab?

Viele Informationen zum Eintritt ins Kloster findest du in Kapitel 8. Die Etappen vom Klostereintritt bis zur Feierlichen Profess sind unter 8.4 beschrieben.

54. Darf man ins Kloster eintreten, wenn man ein Kind hat?

Nein. Aber es gibt Ausnahmen: Wenn jemand nicht (kirchlich) verheiratet ist oder der Ehemann bereits verstorben ist und das Kind erwachsen, dann gibt es – je nach Ordensgemeinschaft – die Möglichkeit, einzutreten und sich einer Gemeinschaft anzuschließen.

55. Bekommt eine Frau beim Klostereintritt einen neuen Namen?

Ja und nein. In einigen Gemeinschaften erhält eine Kandidatin bei der Einkleidung einen neuen Namen, oft aus einer Dreierliste, auf welcher sie ihre Wünsche vorher abgeben konnte. Teilweise wird auch ein Doppelname genommen, weil vielleicht bereits eine Schwester mit gleichem Namen im Kloster lebt. Ein neuer Name zeigt an, dass mit dem Eintritt ins Noviziat, in die eigentliche Ordensausbildung, auch ein neuer Lebensabschnitt beginnt. Heutzutage ist in vielen Klöstern jedoch der Taufname auch der Ordensname. Oft wird der Name „Maria" vorangestellt. Grundsätzlich gilt beim Pass und amtlichen Dokumenten in den meisten Fällen der bürgerliche Name. Übrigens: Wir Schweizerinnen waren überrascht, als wir bemerkten, dass es beim deutschen Personalausweis eine Kategorie „Ordens- oder Künstlername" gibt ...

PS: Wenn ich, Schwester Andrea, mich vorstelle mit den Worten: „Ich bin Schwester Andrea", kommt es öfters vor, dass das Gegenüber dann gleich sagt: „Und ich bin der Dominik." Wir wissen, dass dies nicht Unhöflichkeit ist, sondern eher Unkenntnis, in unserer Region (Großraum Zürich) gibt es kaum Ordensfrauen. Ich weise deshalb gerne darauf hin, dass wir (zunächst einmal) per „Sie" sind und nicht gleich per „Du", auch wenn ich mit meinem Vornamen angesprochen werde.

56. Seid ihr mit Jesus „verheiratet"?

Einige Schwestern beantworten diese Frage spontan mit „ja", andere sagen, dass der Begriff für sie so nicht stimme. Selbstverständlich ist Jesus die zentrale Person für uns, weil er uns Gottes Liebe zeigte und wir mit ihm eine innige Freundschaft pflegen möchten. Aus theologischer Sicht lässt sich die Frage nicht eindeutig klären und wird auch je nach Kultur und Land weltweit sehr unterschiedlich beantwortet. Im Alten Testament wird das Liebesverhältnis zwischen Gott und dem Volk Israel mit der Metapher des Bräutigams und der angetrauten Braut beschrieben. Auch im Neuen Testament gibt es Bilder zur Verdeutlichung dieser Beziehung, ausgedehnt auf die Beziehung zu Jesus Christus, die freundschaftlich und liebend sein sollte.

57. Wie viele unterschiedliche Ordensgemeinschaften gibt es?

Oh, es sind viele! Aber wir haben sie nicht gezählt. In Kapitel 5 wird die Ordenslandschaft im deutschsprachigen Raum beschrieben. Dort erfährst du einiges zur Geschichte und zur Gegenwart von Ordensgemeinschaften. Es ist sehr erstaunlich, wie vielfältig die Orden mit ihrem je eigenen Charisma sind. Wenn sich eine Frau zum Ordensleben berufen fühlt, hat sie darum fast die „Qual der Wahl". Es tut gut, sich eine Übersicht zu verschaffen. Es ist jedoch unmöglich, jede Gemeinschaft „auf Herz und Nieren" zu prüfen. Im Buch „Himmelsstürmer" (Seite 100) beschreiben Pater Thomas Fässler und Pater Philipp Steiner aus dem Kloster Einsiedeln diesbezüglich ein bemerkenswertes Phänomen: „Diese Vielfalt (gemeint ist die Vielfalt der Orden) führt zu einem praktischen Vorteil: So findet nämlich sicher jeder mit seinen je eigenen Vorstellungen und Vorzügen einen Platz, der ihm behagt. Dadurch zeigt sich auch: Die Berufung zum Leben in einem Orden ist immer konkret, indem man etwa zu einem Leben als Franziskaner, Jesuit oder Piarist berufen ist. Dabei ist es auch keineswegs abwegig, dass sich beispielsweise ein Benediktiner niemals vorstellen könnte, ein Leben als Salesianer Don Boscos zu führen. Beide aber – der Benediktiner und der Salesianer – verspüren in sich eine geistliche Berufung. Um im Bild zu bleiben: Beide wollen den Gipfel erklimmen, sind jedoch Teil unterschiedlicher Seilschaften und folgen einem anderen erfahrenen Bergführer, der sie einen je eigenen Weg führt.“

Dies gilt auch für Frauen: Eine Karmelitin möchte sicherlich keine Maria-Ward-Schwester, und eine Kleine Schwester Jesu möchte keine Benediktinerin sein. Jede Schwester ist in ihrer frei gewählten Form des geweihten Lebens beheimatet. Wie schön, dass die Ordenslandschaft so bunt und vielgestaltig ist! Kurz zusammengefasst: Für jede Berufene gibt es die passende Gemeinschaft. Nachsatz: … wenn sie ernsthaft danach sucht und nicht die „perfekte“ Gemeinschaft erwartet.

58. Warum gibt es in der heutigen Zeit (noch) Frauen, die in ein Kloster eintreten?

Warum nicht? Es gibt sie. Also hat das Ordensleben seine Daseinsberechtigung nicht verloren. Einige, auch jüngere (!) Schwestern berichten in Kapitel 6 von ihrem Weg in eine Ordensgemeinschaft. Im Web existieren viele Videos, welche einen authentischen Einblick ins Leben heutiger Ordensfrauen geben; Einstiegslinks dazu findest du in Kapitel 9. Dazu noch ein Tipp: Es lohnt sich, auch anderssprachige Videos anzuschauen. Manchmal sprechen sie ganz andere „Herzenssaiten“ in uns an …

59. Was sagt ihr zu den Missbrauchsskandalen in der Kirche?

Es ist furchtbar, was da alles geschehen ist. Wir können es nicht rückgängig machen. Nur große Reue zeigen und um Verzeihung bitten. Und auch verstehen, wenn diese Bitte nicht angenommen wird. Vor allem aber müssen wir in der Gegenwart sehr achtsam sein, dass wir offen und transparent sind und auch so arbeiten. Viele Gemeinschaften haben, gemeinsam mit externem Fachpersonal, einen sehr geraden, ehrlichen Weg gewählt, um die Vergangenheit anzuschauen, die Gegenwart kritisch zu beleuchten und die Zukunft anders zu gestalten.

60. Wie stellt ihr euch zu anderen Religionen?

Jede Religion ist in einer bestimmten Kultur mit bestimmten Menschen gewachsen. Religionen geben Antworten auf die wichtigsten Fragen der Menschen: „Woher komme ich? Wohin gehe ich? Was gibt meinem Leben Sinn?" Wenn Menschen ernsthaft nach Antworten suchen und dies in Offenheit und Toleranz anderen Überzeugungen gegenüber machen, finden wir dies sehr gut. Leider gibt es Gruppierungen, die Religion und deren Werte für ihre teilweise extremen gesellschaftlichen Vorstellungen instrumentalisieren. Es ist unserer Meinung nach wichtig, immer einen kritischen Geist zu bewahren.

Wir sind in der christlichen Tradition aufgewachsen und freuen uns, auf diese Weise unterwegs zu sein. Letztendlich können alle Religionen Menschen zu einem erfüllten Leben verhelfen, zur Hinwendung zu Armen und Bedürftigen, letztlich zu mehr Liebe. – Es gäbe zu dieser Frage noch manche Seiten zu schreiben, da sich zahlreiche Ordensleute in weltumspannenden Initiativen engagieren, für den Dialog der Religionen und vieles mehr.

61. Gibt es auch unglückliche Schwestern?

Ja, die gibt es. Wir sind Menschen. Darum gibt es auch im Kloster Schwestern, welche wenig Freude ausstrahlen, nur das halbleere, statt das halbvolle Glas sehen und durch ihre negative Art, das Leben zu sehen, in der Gemeinschaft viel Verständnis (und Geduld!) benötigen. Wenn jemand dauerhaft unglücklich ist und dies aufgrund der frei gewählten Lebensform ist, besteht auch die Möglichkeit, wieder auszutreten. Aber: Es gibt auch viele innerlich glückliche und zufriedene Schwestern. Viele Ordensfrauen leben ein herausforderndes Leben mit großem persönlichem Engagement. Sie strahlen, vor allem wenn sie älter sind, oft eine tiefe Weisheit und eine Lebensfreude aus, die total berührend sind.

62. Wie heißen die „klassischen" Gebetszeiten?
In Psalm 119 steht: „Siebenmal am Tag singe ich dein Lob." Davon sind Mönche und Nonnen während vieler Jahrhunderte ausgegangen und haben die Gebete (Horen) folgendermaßen benannt: Matutin oder Vigilien (Gebet in der Nacht), Laudes (Morgengebet), Prim (Gebet zur 1. Stunde), Terz (Gebet zur 3. Stunde), Non (Gebet zur 9. Stunde), Vesper (Abendgebet), Komplet (Nachtgebet). Heutzutage beten die verschiedenen Ordensgemeinschaften recht unterschiedlich. Einige Gemeinschaften treffen sich dreimal am Tag zum gemeinsamen Gebet, andere gestalten die Gebetszeiten, das „Stundengebet" wie oben beschrieben – so, wie schon vor über 1000 Jahren Nonnen und Mönche beteten.

63. Muss man sehr religiös sein, um ins Kloster einzutreten? (Diese Frage wurde uns tatsächlich schon gestellt …)
Im Kloster gehört essenziell dazu, dass ich religiös bin und mich gerne mit religiösen Fragen beschäftige.
PS.: Das ist eine Frage wie: „Muss man sportlich sein, um am Olympia-Marathon teilzunehmen?"

64. Muss man bereits als Kind gläubig gewesen sein, um in ein Kloster einzutreten?
Nein. Die Wege bis zu einem Klostereintritt sind sehr verschieden. Es gibt Schwestern, die als Kind keinerlei Erfahrungen mit dem Glauben oder der Kirche machten.

163

65. Was passiert, wenn man sich umentscheidet und keine Schwester mehr sein will?

Das Einleben in die Gemeinschaft ist ein langer Prozess und ebenso kann es sein, dass jemand sich aus einer Gemeinschaft „hinauslebt". Ein Austritt ist möglich. Die genauere Antwort auf diese Frage findest du in Kapitel 7, Punkt 7.6.

66. Welche Karrieremöglichkeiten gibt es im Kloster?

Man/frau geht nicht ins Kloster, um Karriere zu machen. Aber: Auch im Kloster braucht es Menschen, die große Verantwortung übernehmen können und wollen. Als Leiterin der Gemeinschaft, als Personalverantwortliche, als Verwalterin der ordenseigenen Betriebe usw.

67. Wie steht ihr zur Genderfrage?

Papst Franziskus sagte gleich zu Beginn seines Pontifikats: „Geht an die Ränder der Gesellschaft." Das bedeutet, dass alle Menschen, egal welcher kultureller, sexueller oder anderer Identität, gleichwertig und gleichwürdig sind. Jesus ging oft zu den Menschen „am Rande". Wir sind alle aufgefordert, jedem Menschen mit Offenheit zu begegnen.

68. Welche Social-Media-Kanäle nutzt ihr?

Viele Ordensgemeinschaften sind heute auf Social Media vertreten und informieren über das aktuelle Geschehen in ihrem Kloster auf Instagram, Facebook, Twitter und Co.. Orden sind teilweise überraschend innovativ unterwegs – auch in dieser Hinsicht.

69. Was sagt ihr zur Evolutionstheorie?

Wir waren über diese Frage sehr überrascht. Doch wurde uns bewusst, dass es zum Beispiel in den USA große evangelikale Kirchen gibt, welche die Evolutionstheorie ablehnen und die Bibel wortwörtlich verstehen wollen. Die Schöpfungsgeschichten in der Bibel verstehen wir als uralte Mythen, die uns in wunderschönen Bildern das

Wunder der Erdgeschichte zeigen. Sie stehen in keinerlei Weise in „Konkurrenz" mit der Evolutionstheorie.

70. Darf man sich als Schwester auch beruflich weiterbilden?

Ja natürlich. Viele Klöster gleichen in Struktur und Umfang mittelgroßen Unternehmen. Darum ist es wichtig, dass kompetente und gut ausgebildete Ordensmitglieder in möglichst zahlreichen Bereichen Aufgaben übernehmen. Dafür ist eine regelmäßige Weiterbildung eine Grundbedingung. Ein besonderer Aspekt ist, dass nicht jede Schwester individuell entscheidet, welche Weiterbildung oder Umschulung sie macht. Es ist essenziell, stets das „Wohl des Ganzen", das heißt die gesamte Klostergemeinschaft mit ihren Aufgaben, im Auge zu haben. Darum wird im gemeinsamen Gespräch geschaut, wer sich wo und wie am sinnvollsten engagiert.

71. Habt ihr Kontakte zu anderen Klöstern, zu anderen Gemeinschaften?

Ja. Die Schwestern und Brüder verschiedener Klöster und Kongregationen haben verschiedene Orte, an denen sie sich kennenlernen und austauschen. Es gibt beispielsweise Weiterbildungsangebote, an denen ganz unterschiedliche Gemeinschaften teilnehmen, es gibt Treffen für jüngere Ordensmitglieder, die gemeinsamen Noviziatswochen, Treffen der Verantwortlichen, freundschaftliche Besuche im Nachbarkloster, längere Aufenthalte in einem anderen Kloster für ein Studium an einem Ort, an dem die Hin- und Rückreise ins Heimatkloster zu lange dauert. Und es gibt zahlreiche informelle Kontakte, die gepflegt werden, den Austausch bei gemeinsamen Projekten, wissenschaftlichen Arbeiten, bei Ferienaufenthalten und vielem mehr.

72. Können auch Künstlerinnen, Kulturschaffende, Extremsportlerinnen usw. ins Kloster eintreten?

Ja. Im Kloster steht jedoch die Gemeinschaft mit ihren Aufgabengebieten im Mittelpunkt. Wenn jemand seine Begabungen, Ausbildungen und Erfahrungen in den Dienst der Gemeinschaft stellen möchte, kann diese Person sicherlich eintreten. Gewisse Tätigkeiten wie Forschungen auf Spitzbergen oder Himalayaexkursionen sind wohl nicht zu integrieren. Zu sagen ist noch, dass vor allem zu Beginn des Ordenslebens oft „Allrounderinnen" gefragt sind. Später kann sich eine Schwester auf ein Tätigkeitsfeld „spezialisieren", das ins Charisma des Ordens passt. Grundsätzlich ist die Entscheidung für den Eintritt in ein Kloster mit einem Ja verbunden, seine Lebenszeit in den Dienst des Glaubens und der Gemeinschaft zu stellen.

73. Wie spüre ich, dass ich wirklich eine Berufung zum Ordensleben habe?
Es ist wichtig, die Zeichen deuten zu lernen, die dich zur Entscheidung fürs Ordensleben führen. Ein Zeichen kann sein, dass du eine ungestillte Sehnsucht in dir fühlst. Ein Gefühl, das nicht nur ein Wochenende lang anhält, sondern länger. Du möchtest mehr „Sinn" in deinem Leben und Arbeiten spüren. Ein weiteres Zeichen ist sicherlich, dass du dich hingezogen fühlst zu spirituellen Angeboten. Du liest gerne in der Bibel, in geistlichen Büchern oder gehst zu Besinnungstagen. Du nimmst dir gerne Zeit für Stille und Gebet. Wenn du dann deinen Mut zusammennimmst und für einige Schnuppertage in einem Kloster anfragst, ist das sicherlich ein weiteres Zeichen. Auch die Sehnsucht nach einer Gemeinschaft mit Gleichgesinnten, die einen nicht loslässt, kann ein Zeichen der Berufung sein. Du kannst dir im Prozess der Entscheidungsfindung vielleicht auch die Frage stellen, wie es sich anfühlen würde, wenn du dich entschieden hättest. Kommen da gute Gefühle auf, ein innerer Friede, ein Gefühl der inneren Freizeit – oder bleibt eher eine Unruhe. Dann ist dein Platz wahrscheinlich an einem anderen Ort.

74. Wie ist es für Schwestern, keine eigenen Kinder zu haben?
Das ist eine sehr persönliche Frage. Frauen können heute in der westlichen Gesellschaft selbst entscheiden, ob sie Kinder haben möchten oder nicht. Auch außerhalb des Klosters gibt es immer mehr Frauen, die sich bewusst für ein Leben ohne eigene Kinder entscheiden.

Der Wunsch, als Ordensfrau zu leben, sollte bei Interessentinnen fürs Ordensleben *über* dem Wunsch stehen, eigene Kinder zu bekommen.

75. Geht ihr an Weihnachten zu eurer Ursprungsfamilie?

Weihnachten ist im Kloster eines der zentralen Feste des Kirchenjahres. Darum feiern die meisten Schwestern Weihnachten innerhalb ihrer „Klosterfamilie". Aber wir haben dennoch Kontakt zu unseren Eltern, Großeltern, Geschwistern usw. Manchmal besteht die Gelegenheit, nach dem eigentlichen Fest einen Besuch in der Verwandtschaft zu machen oder Familienmitglieder zum Gottesdienst einzuladen, wenn sie in der Nähe wohnen. Dank der neuen Medien ist ein Austausch und das Mitfreuen ja ohnehin viel besser möglich als früher.

76. Sind Frauen im Kloster „emanzipiert"?

Wenn wir darunter verstehen, traditionelle Rollen nicht mehr zu akzeptieren, selbstständig und unabhängig zu sein, dann ja. Denn Schwestern haben seit Jahrhunderten sehr eigenständig große Institutionen aufgebaut und tragen auch heute immense Verantwortung. Die Gleichstellung bei den Ämtern in der katholischen Kirche ist ein anderes Thema. Grundsätzlich haben Frauenklöster oft eine große Freiheit, ihre Vorstellungen von Liturgie, Gemeinschaftsleben und sozialem Engagement zu verwirklichen.

77. Ist es ein Beruf, Schwester zu sein?

Nein, es ist eine Berufung – und eine Lebensform. Das ist etwas grundlegend anderes. Es gibt zwar Websites, auf denen unter der Rubrik „Kirchliche Berufe" der Beruf Ordensfrau vorgestellt wird. Doch dies stimmt genau genommen nicht. Denn wenn ich einen Beruf ausübe, erhalte ich normalerweise einen Lohn, ein Salär und ich werde irgendwann einmal pensioniert, gehe in Rente. Eine Ordensfrau hingegen hat keinen Lohn und geht als Ordensfrau nicht in

Rente. Sie bleibt Ordensfrau bis zu ihrem letzten Atemzug. Somit ist Schwester-Sein mehr als ein Beruf, eben eine Berufung.

9

UND NUN? „WER IST DER MENSCH, DER DAS LEBEN LIEBT UND GUTE TAGE ZU SEHEN WÜNSCHT?"

9.1 Biblische Texte für dich

„Wer ist der Mensch, der das Leben liebt und gute Tage zu sehen wünscht?" Dieser Vers aus Psalm 34 führt in die Weite. Es geht darum, dass wir Menschenkinder unser Leben lieben lernen und gute Tage sehen wollen. Was sich Menschen bereits vor über 2000 Jahren fragten, das gilt auch heute: Jesus möchte, dass wir – inmitten des Chaos dieser Welt mit ihren Kriegen und Katastrophen – eine neue Sichtweise erlernen, dass wir sagen können: „Ich liebe das Leben, mein Leben. Und ich freue mich, trotz allem Dunklen und Schweren, das Gute zu sehen. Ich spüre, dass in dieser Zeit des Wandels die gesamte Gesellschaft und auch die Kirche vor großen Herausforderungen steht. Das stimmt mich hoffnungsvoll. Denn als Christin glaube ich, dass das Licht stärker ist als die Dunkelheit, Leben stärker als der Tod, Liebe stärker als Hass. In dieser Hoffnung lebe ich."

Biblische Berufungsgeschichten können uns neue Perspektiven aufs eigene Leben eröffnen. Im Buch „Himmelsstürmer" haben die Autoren einige davon in ihr Werk aufgenommen und Anleitungen zur Meditation damit gegeben. Wir sind dankbar, dass wir diesen Buchteil hier veröffentlichen können.

Meditationen zu biblischen Berufungsgeschichten

Eine geistliche Berufung ist eine besondere Gnade, die Gott schenkt. Doch es liegt an uns, dass diese wachsen, gedeihen und Frucht bringen kann. Dafür braucht es das Gebet. Eine besondere Form des Gebets ist die *Lectio divina*, die wir dir besonders ans Herz legen möchten. Diese „göttliche Lesung" hat im Mönchtum eine lange Tradition und gehört bis heute zum festen Tagesablauf von vielen Ordensleuten.

Hier stellen wir dir sieben Berufungsgeschichten vor: drei aus dem Alten Testament und vier aus dem Neuen Testament. Die Erzählungen beschreiben sieben unterschiedliche Weisen der Berufung durch Gott bzw. durch Jesus Christus. Nach einer kurzen Einleitung, die den jeweiligen Kontext des Bibelabschnitts umreißt, folgt die eigentliche Berufungsgeschichte. Im Anschluss daran haben wir einige Fragen formuliert, die dir behilflich sein wollen, den Bibeltext in Beziehung zu deinem Leben zu lesen. Wir laden dich ein, die Geschichten aufmerksam zu lesen, um Gott durch sie zu dir sprechen zu lassen. Damit du Gottes leise Stimme hören kannst, empfehlen wir dir dafür die folgenden klassischen vier Schritte der *Lectio divina*:

1. *Lectio* (Lesung): Zuerst liest du einen Abschnitt aus der Heiligen Schrift, in diesem konkreten Fall eine der nachfolgenden Berufungsgeschichten. In der Lesung vernimmst du das Wort Gottes.

2. *Meditatio* (Meditation): Aus dem Bibelabschnitt wählst du einen Vers aus, der dich besonders anspricht. Diesen Vers wiederholst du mehrmals – leise oder laut – und denkst über ihn nach.

3. *Oratio* (Gebet): Im Gebet gibst du deine ganz persönliche Antwort auf die Anrede Gottes.

4. *Contemplatio* (Kontemplation): Das Verweilen im Dialog mit Gott mündet idealerweise in die kontemplative Gemeinschaft mit

Gott, indem du still wirst und in seiner Gegenwart verweilst. Die *Lectio divina* braucht Zeit, um ihre Wirkung zu entfalten. Es ist deshalb nicht ratsam, dass du alle sieben Berufungsgeschichten auf einmal „durchmeditierst". Lass dir Zeit damit und verteile sie auf unterschiedliche Tage oder gar Wochen. Vielleicht kommst du dabei auf den Geschmack und greifst zur Bibel, die reich an vielen weiteren Erzählungen ist, die dich auf deinem persönlichen Weg begleiten und dir Antworten auf deine Fragen geben können. Denn die Heilige Schrift ist wie gutes Vollkornbrot, das gekaut werden muss, das immer satt und doch nie überdrüssig macht: idealer Proviant also für „Himmelsstürmer" auf ihrem anspruchsvollen Weg!

Samuels Berufung

Samuel wurde von seiner Mutter Hanna dem Herrn versprochen, weil er ihr nach inständigem Gebet nach einer langen Zeit der Unfruchtbarkeit geschenkt worden war. Seither lebte Samuel unter der Obhut des Priesters Eli im Hause des Herrn. Obwohl er bereits dem Herrn geweiht war, erhielt er von diesem eines Tages eine besondere Berufung. Später sollte er Saul zum ersten König Israels salben.

1. Samuel 3,1–10

„Der junge Samuel versah den Dienst des Herrn unter der Aufsicht Elis. In jenen Tagen waren Worte des Herrn selten; Visionen waren nicht häufig. Eines Tages geschah es: Eli schlief auf seinem Platz; seine Augen waren schwach geworden und er konnte nicht mehr sehen. Die Lampe Gottes war noch nicht erloschen und Samuel schlief im Tempel des Herrn, wo die Lade Gottes stand. Da rief der Herr den Samuel und Samuel antwortete: Hier bin ich. Dann lief er zu Eli und sagte: Hier bin ich, du hast mich gerufen. Eli erwiderte: Ich habe dich nicht gerufen. Geh wieder schlafen! Da ging er und legte sich wieder schlafen. Der Herr rief noch einmal: Samuel! Samuel stand auf und ging zu Eli und sagte: Hier bin ich, du hast mich gerufen. Eli erwiderte: Ich habe dich nicht gerufen, mein Sohn. Geh wieder schlafen! Samuel kannte den Herrn noch nicht

und das Wort des Herrn war ihm noch nicht offenbart worden. Da rief der Herr den Samuel wieder, zum dritten Mal. Er stand auf und ging zu Eli und sagte: Hier bin ich, du hast mich gerufen. Da merkte Eli, dass der Herr den Knaben gerufen hatte. Eli sagte zu Samuel: Geh, leg dich schlafen! Wenn er dich (wieder) ruft, dann antworte: Rede, Herr; denn dein Diener hört. Samuel ging und legte sich an seinen Platz nieder. "

Fragen

- Wo habe ich die Stimme Gottes erstmals vernommen?
- Auf welche Weise hat Gott zu mir gesprochen?
- Wer hat mir geholfen, die Stimme Gottes zu hören?
- Wie ist meine Antwort ausgefallen?
- Bin ich neu aufgerufen, mit Samuel zu sagen: „Rede, denn dein Diener hört!"?

Davids Salbung

Saul wurde von Samuel zum ersten König Israels gesalbt. Doch sein Verhalten entsprach nicht seiner Berufung durch Gott. Gott respektiert die Freiheit des Menschen, sich für das Gute oder das Schlechte zu entscheiden. Doch weil Saul als König den Menschen dienen sollte, bestimmte Gott einen Nachfolger für ihn, den wiederum Samuel salben sollte. Dabei erlebte dieser, dass Gott nicht auf Äußerlichkeiten schaut, sondern auf das Herz.

1. Samuel 16,1.4–13

„Der Herr sagte zu Samuel: Wie lange willst du noch um Saul trauern? Ich habe ihn doch verworfen; er soll nicht mehr als König über Israel herrschen. Fülle dein Horn mit Öl und mach dich auf den Weg! Ich schicke dich zu dem Betlehemiter Isai; denn ich habe mir einen von seinen Söhnen als König ausersehen. Samuel tat, was der Herr befohlen hatte. Als er nach Betlehem kam, gingen ihm die Ältesten der Stadt zitternd entgegen und fragten: Bedeutet dein Kommen Frieden? Er antwortete: Frieden. Ich bin gekommen, um dem Herrn ein Schlachtopfer darzu-

bringen. Heiligt euch und kommt mit mir zum Opfer! Dann heiligte er Isai und seine Söhne und lud sie zum Opfer ein. Als sie kamen und er den Eliab sah, dachte er: Gewiss steht nun vor dem Herrn sein Gesalbter. Der Herr aber sagte zu Samuel: Sieh nicht auf sein Aussehen und seine stattliche Gestalt, denn ich habe ihn verworfen; Gott sieht nämlich nicht auf das, worauf der Mensch sieht. Der Mensch sieht, was vor den Augen ist, der Herr aber sieht das Herz. Nun rief Isai den Abinadab und ließ ihn vor Samuel treten. Dieser sagte: Auch ihn hat der Herr nicht erwählt. Isai ließ Schima kommen. Samuel sagte: Auch ihn hat der Herr nicht erwählt. So ließ Isai sieben seiner Söhne vor Samuel treten, aber Samuel sagte zu Isai: Diese hat der Herr nicht erwählt. Und er fragte Isai: Sind das alle deine Söhne? Er antwortete: Der jüngste fehlt noch, aber der hütet gerade die Schafe. Samuel sagte zu Isai: Schick jemand hin und lass ihn holen; wir wollen uns nicht zum Mahl hinsetzen, bevor er hergekommen ist. Isai schickte also jemand hin und ließ ihn kommen. David war blond, hatte schöne Augen und eine schöne Gestalt. Da sagte der Herr: Auf, salbe ihn! Denn er ist es. Samuel nahm das Horn mit dem Öl und salbte David mitten unter seinen Brüdern. Und der Geist des Herrn war über David von diesem Tag an. Samuel aber brach auf und kehrte nach Rama zurück."

Fragen
* Lasse ich mich durch Äußerlichkeiten vom Wesentlichen ablenken?
* Fühle ich mich zu jung, zu ungeeignet, zu sündhaft, um Gott zu dienen?
* Wie sieht mich Gott?

Die Berufung des Propheten Jeremia

Jeremia ist einer der großen Propheten des Ersten Bundes. Seine Berufung prägte sein ganzes Leben. Doch er erlebte seine Sendung oft auch als Belastung und als Herausforderung. Denn was er dem Volk Israel zu sagen hatte, wollte dieses nicht hören. Am Beginn seines

Wirkens steht die Berufung durch Gott, die seine Zweifel ausräumt. Der Herr spricht Worte zu Jeremia, die Mut machen.

Jeremia 1,4–9

„Das Wort des Herrn erging an mich: Noch ehe ich dich im Mutterleib formte, habe ich dich ausersehen, noch ehe du aus dem Mutterschoß hervorkamst, habe ich dich geheiligt, zum Propheten für die Völker habe ich dich bestimmt. Da sagte ich: Ach mein Gott und Herr, ich kann doch nicht reden, ich bin ja noch so jung. Aber der Herr erwiderte mir: Sag nicht: Ich bin noch so jung. Wohin ich dich auch sende, dahin sollst du gehen, und was ich dir auftrage, das sollst du verkünden. Fürchte dich nicht vor ihnen; denn ich bin mit dir, um dich zu retten – Spruch des Herrn. Dann streckte der Herr seine Hand aus, berührte meinen Mund und sagte zu mir: Hiermit lege ich meine Worte in deinen Mund."

Fragen
- Betrachte ich mein Leben ebenfalls als von Anbeginn weg von Gott geheiligt?
- Bin ich bereit, dorthin zu gehen, wohin mich Gott senden will?
- Verhindert Furcht auch bei mir, dass ich mich ganz in Dienst nehmen lasse?
- Wie muss Gott mich berühren, damit ich mich von ihm senden lasse?

Die Berufung der ersten Jünger

So wie Gott im Ersten Bund Könige und Propheten berufen hatte, so rief Jesus im Neuen Bund Jünger in seine Nachfolge. Dies geschah nicht weniger überraschend. Sowohl der Augenblick der Berufung als auch die jeweiligen Personen entsprachen so gar nicht den allgemeinen Erwartungen: Jesus rief einfache Menschen aus ihrem Alltag heraus. Einfache Fischer machte er zu Menschenfischern.
Matthäus 4,18–22

„Als Jesus am See von Galiläa entlangging, sah er zwei Brüder, Simon, genannt Petrus, und seinen Bruder Andreas; sie warfen gerade ihr Netz in den See, denn sie waren Fischer. Da sagte er zu ihnen: Kommt her, folgt mir nach! Ich werde euch zu Menschenfischern machen. Sofort ließen sie ihre Netze liegen und folgten ihm. Als er weiterging, sah er zwei andere Brüder, Jakobus, den Sohn des Zebedäus, und seinen Bruder Johannes; sie waren mit ihrem Vater Zebedäus im Boot und richteten ihre Netze her. Er rief sie, und sogleich verließen sie das Boot und ihren Vater und folgten Jesus."

Fragen
- Wo hat mich der Ruf in Jesu Nachfolge erstmals erreicht?
- Erlaubt die Gestaltung meines Alltags eine Berührung durch Gott?
- Bin ich wie die ersten Jünger Jesu bereit, alles stehen- und liegenzulassen, um Jesus zu folgen?
- Welche Form von Beziehungen und Aufgaben bindet mich aktuell?

Die Berufung Levis und das Mahl mit den Zöllnern
Jesus berief nicht nur tadellose Menschen in seine Nachfolge. Er ist für alle Menschen da, und jeder hat Platz in seiner Nachfolge. Auch Levi, der den von frommen Juden verachteten Beruf eines Zöllners ausübte, wurde von Jesus angesprochen. Levi überlegte nicht lange und teilte seine Freude über die geschenkte Freundschaft mit Jesus im Rahmen eines Festes.

Markus 2,13–17
„Jesus ging wieder hinaus an den See. Da kamen Scharen von Menschen zu ihm und er lehrte sie. Als er weiterging, sah er Levi, den Sohn des Alphäus, am Zoll sitzen und sagte zu ihm: Folge mir nach! Da stand Levi auf und folgte ihm. Und als Jesus in seinem Haus beim Essen war, aßen viele Zöllner und Sünder zusammen mit ihm und seinen Jüngern;

denn es folgten ihm schon viele. Als die Schriftgelehrten, die zur Partei der Pharisäer gehörten, sahen, dass er mit Zöllnern und Sündern aß, sagten sie zu seinen Jüngern: Wie kann er zusammen mit Zöllnern und Sündern essen? Jesus hörte es und sagte zu ihnen: Nicht die Gesunden brauchen den Arzt, sondern die Kranken; ich bin gekommen, um die Sünder zu rufen, nicht die Gerechten."

Fragen
- Gibt es etwas in meinem Leben, von dem ich meine, dass es mich daran hindert, Jesus konsequent nachzufolgen?
- In welchem Lebensbereich brauche ich Heilung durch Jesus?
- Wie kann ich meiner Freude Ausdruck verleihen, von Jesus gerufen zu sein?
- Behindert oder unterstützt mein Freundeskreis die Beziehung zu Jesus Christus?

Die Berufung von Philippus und Natanaël

Jesus rief Menschen in seine Nachfolge. Manchmal rief er sie zu zweit, manchmal alleine. Und manchmal waren es auch seine Jünger, die andere zur Nachfolge einluden. Die Vermittlung der Berufung von Natanaël durch den Mitapostel Philippus ist ein Beispiel dafür.

Johannes 1,43–51
„Am Tag darauf wollte Jesus nach Galiläa aufbrechen; da traf er Philippus. Und Jesus sagte zu ihm: Folge mir nach! Philippus war aus Betsaida, dem Heimatort des Andreas und Petrus. Philippus traf Natanaël und sagte zu ihm: Wir haben den gefunden, über den Mose im Gesetz und auch die Propheten geschrieben haben: Jesus aus Nazaret, den Sohn Josefs. Da sagte Natanaël zu ihm: Aus Nazaret? Kann von dort etwas Gutes kommen? Philippus antwortete: Komm und sieh! Jesus sah Natanaël auf sich zukommen und sagte über ihn: Da kommt ein echter Israelit, ein Mann ohne Falschheit. Natanaël fragte ihn: Woher kennst du mich? Jesus antwortete ihm: Schon bevor dich Philippus rief, habe ich

dich unter dem Feigenbaum gesehen. Natanaël antwortete ihm: Rabbi, du bist der Sohn Gottes, du bist der König von Israel! Jesus antwortete ihm: Du glaubst, weil ich dir sagte, dass ich dich unter dem Feigenbaum sah? Du wirst noch Größeres sehen. Und er sprach zu ihm: Amen, amen, ich sage euch: Ihr werdet den Himmel geöffnet und die Engel Gottes auf- und niedersteigen sehen über dem Menschensohn."

Fragen

- Welche Menschen braucht Jesus, um mich zur Nachfolge zu ermutigen?
- Nehme ich ermutigende Worte von anderen Menschen als Botschaft Jesu an mich wahr?
- Lasse ich mich von den Erfahrungen anderer überzeugen oder traue ich nur meiner eigenen Sicht der Dinge?
- Bin ich aufgrund von Vorurteilen skeptisch, dass Jesus gekommen ist, um auch mir ein gutes Leben zu schenken?
- An wen könnte ich selbst die Einladung „Komm und sieh!" richten?

Die Bekehrung und Taufe des Saulus

Eine besonders spektakuläre Berufungsgeschichte lesen wir in der Apostelgeschichte. Vom Saulus zum Paulus – diese sprichwörtliche Redewendung vollzog sich an dieser außergewöhnlichen Persönlichkeit der jungen Kirche. Das Hören von Gottes Stimme ist sicherlich eine außergewöhnliche Weise, die Berufung zu empfangen. Allerdings müssen wohl auch wir ab und zu vom hohen Ross fallen, um wieder neu in Jesu Nachfolge gerufen zu werden.

Apostelgeschichte 9,1–18

„Saulus wütete immer noch mit Drohung und Mord gegen die Jünger des Herrn. Er ging zum Hohenpriester und erbat sich von ihm Briefe an die Synagogen in Damaskus, um die Anhänger des (neuen) Weges, Männer und Frauen, die er dort finde, zu fesseln und nach Jerusalem zu

bringen. Unterwegs aber, als er sich bereits Damaskus näherte, geschah es, dass ihn plötzlich ein Licht vom Himmel umstrahlte. Er stürzte zu Boden und hörte, wie eine Stimme zu ihm sagte: Saul, Saul, warum verfolgst du mich? Er antwortete: Wer bist du, Herr? Dieser sagte: Ich bin Jesus, den du verfolgst. Steh auf und geh in die Stadt; dort wird dir gesagt werden, was du tun sollst. Seine Begleiter standen sprachlos da; sie hörten zwar die Stimme, sahen aber niemand. Saulus erhob sich vom Boden. Als er aber die Augen öffnete, sah er nichts. Sie nahmen ihn bei der Hand und führten ihn nach Damaskus hinein. Und er war drei Tage blind und er aß nicht und trank nicht. In Damaskus lebte ein Jünger namens Hananias. Zu ihm sagte der Herr in einer Vision: Hananias! Er antwortete: Hier bin ich, Herr. Der Herr sagte zu ihm: Steh auf und geh zur sogenannten Geraden Straße und frag im Haus des Judas nach einem Mann namens Saulus aus Tarsus. Er betet gerade und hat in einer Vision gesehen, wie ein Mann namens Hananias hereinkommt und ihm die Hände auflegt, damit er wieder sieht. Hananias antwortete: Herr, ich habe von vielen gehört, wie viel Böses dieser Mann deinen Heiligen in Jerusalem angetan hat. Auch hier hat er Vollmacht von den Hohenpriestern, alle zu verhaften, die deinen Namen anrufen. Der Herr aber sprach zu ihm: Geh nur! Denn dieser Mann ist mein auserwähltes Werkzeug: Er soll meinen Namen vor Völker und Könige und die Söhne Israels tragen. Ich werde ihm auch zeigen, wie viel er für meinen Namen leiden muss. Da ging Hananias hin und trat in das Haus ein; er legte Saulus die Hände auf und sagte: Bruder Saul, der Herr hat mich gesandt, Jesus, der dir auf dem Weg hierher erschienen ist; du sollst wieder sehen und mit dem Heiligen Geist erfüllt werden. Sofort fiel es wie Schuppen von seinen Augen und er sah wieder; er stand auf und ließ sich taufen. "

Fragen
- Gab es auch in meinem Leben einen herausragenden Moment der Bekehrung?

- Wo half mir eine Demütigung, vom hohen Ross herunterzu-
fallen, um wieder Boden unter den Füßen zu finden?
- Wann ist es mir das letzte Mal wie Schuppen von den Augen
gefallen?

9.2 Weblinks

https://himmels-stuermer.org
Die Autoren beschreiben ihre Website folgendermaßen: Diese Website ist eine interaktive Ergänzung zur gleichnamigen Publikation,
die im Herbst 2021 im Herder-Verlag erschienen ist. Beides – das
Buch und diese Website – wollen eine Entscheidungshilfe für dich
sein, falls du dich fragst, ob ein Leben in einem Orden etwas für
dich wäre. Da die Texte hier lediglich eine Ergänzung zum erwähnten Buch sind, legen wir dir gerne dessen Lektüre ans Herz. Es gibt
unter anderem einen „Berufungsgenerator" und zudem spannende
Berufungsgeschichten von Männern verschiedenen Alters.

https://meinstdumichgott.org
Die Autorinnen dieses Buches haben zusätzlich zur Website www.
himmels-stuermer.org spezifische Anregungen für Frauen zusammengestellt. Interessierte Frauen finden hier Informationen zu Frauengemeinschaften, Berufungsgeschichten und weiteres mehr.

https://kovos.ch/de
Die KOVOS (Konferenz der Ordensgemeinschaften und anderer
Gemeinschaften des gottgeweihten Lebens in der Schweiz) will der
Pluralität des gottgeweihten Lebens in der Schweiz in der Öffent-
lichkeit und innerhalb der Kirche ein Gesicht und eine Stimme ge-
ben. Dazu nutzt sie die sozialen Kommunikationsmittel und gezielte
Veranstaltungen. Hier aufgelistet ist ein Großteil der religiösen Ge-
meinschaften, die dem Dachverband KOVOS angehören. Die Or-

densgemeinschaften in der Schweiz haben oft eine jahrhundertealte Tradition und sind ganz unterschiedlich geprägt.

www.ordensleben.org bzw. https://ordensleben.orden.de
Hier finden sich sowohl allgemeine Informationen zum Ordensleben als auch konkrete Ansprechpartnerinnen und -partner in Sachen Berufung zum Ordenschristen. Alle Informationen rund um das Thema „Ordenschrist werden/Wege ins Kloster" sind ansprechend aufgeführt.

https://www.orden.de
Dies ist die Website der DOK, der Deutschen Ordensoberenkonferenz. Darin haben sich die Verantwortlichen der General- und Provinzleitungen von Ordensgemeinschaften sowie der Abteien und selbstständigen Einzelklöster in Deutschland zusammengeschlossen. Es gibt unter anderem eine Datenbank mit vielen Klöstern in Deutschland. Aufgeführt werden die Ordensleitungen der in Deutschland ansässigen Gemeinschaften, nicht jedoch sämtliche Niederlassungen der einzelnen Gemeinschaften.

https://ordensgemeinschaften.at
Dies ist das Verzeichnis der Frauenorden in Österreich. Es gibt zahlreiche Informationen zu Angeboten, unter anderem zum Freiwilligen Ordensjahr.

https://ordensgemeinschaften.at/orden/ordens-abc
In diesem „Ordens-ABC" findet man/frau gute kurze Erklärungen der „Insider-Begriffe" – zum schnellen Lesen und Informieren.

9.3 Weiterführende Literatur

Thomas Fässler / Philipp Steiner: „Himmelstürmer. Berufungs-guide zum Ordensleben"; Verlag Herder 2021.
Dies ist das Pendant für Männer, welches uns zu „Meinst du mich, Gott?" inspirierte. Die Autoren schreiben zu ihrem Werk einleitend: „Wie finde ich meinen Weg im Leben? Wie werde ich glücklich? Wie erkenne ich, welchen Pfad Gott für mich vorgesehen hat? Und was erwartet mich überhaupt in einem Orden? Das sind die zentralen Fragen, bei deren Beantwortung wir dir helfen möchten. Unser Buch richtet sich an Männer, die eine Faszination für das Ordensleben in sich spüren und eine mögliche Berufung dafür prüfen wollen. Es will dich einladen, einen ehrlichen Blick auf dich selbst zu werfen. Es möchte dich aber auch motivieren, mutig voranzugehen, Entscheidungen zu treffen und nicht ratlos vor Weggabelungen stehen zu bleiben. Denn dahinter wartet das Leben – dein Leben!"

Zisterzienserinnen-Abtei Mariazell, Wurmsbach (Hg.): „Zwischen Himmel und Erde"; Zisterzienserinnen-Abtei Mariazell, Wurmsbach 2020.
Ein sehr bildhafter Einblick in das Leben des Klosters Mariazell Wurmsbach. Fotografien und prägnante Texte geben den Blick frei auf den Alltag einer Gruppe moderner Frauen, die sich für das Leben in der Zisterzienserinnenabtei am Oberen Zürichsee entschieden haben.

Stephanie Mende: „Um Gottes willen. Warum Menschen heute ins Kloster gehen."; adeo 2020.
Insgesamt sechzehn Frauen und Männer aus unterschiedlichen Ordensgemeinschaften erzählen, wie sie den Weg in ein Leben in einer klösterlichen Gemeinschaft gefunden haben.

Alfred Herrmann: „Sich Gott nähern. Frauenorden in Deutschland." Bonifatius 2017.

Das Buch bietet einen Einblick in die großen Ordensrichtungen. Ordensfrauen kommen zu Wort, Gemeinschaften werden vorgestellt. Interessant sind dabei auch die historischen Erläuterungen, wie die einzelnen Traditionen entstanden sind. Ein schöner Einblick in die Landschaft der Frauenorden in Deutschland.

Carmen Tatschmurat: „Mein Leben neu ordnen. Benediktinische Impulse für Zeiten des Umbruchs."; Vier-Türme-Verlag 2022.

„Was ändert sich gerade alles? Was soll sich ändern, was soll bleiben? Was will und brauche ich? Wie kann mein Weg weitergehen, praktisch und spirituell? Wo liegen ganz neue Chancen? Ein Buch voller Inspiration und Impulse für neue Lebensphasen." Benedikt von Nursia lebte im 6. Jahrhundert. Erstaunlich und faszinierend zugleich, dass seine Regel bis heute nicht an Aktualität und Bedeutung verloren hat und beispielsweise Manager*innen als Inspiration für ihren Führungsstil dient.

Pater Nikodemus Schnabel (mit Sascha Hellen): „#Frag einen Mönch. 100 Fragen (und unzensierte Antworten)"; adeo 2021.

„Hattest du schon mal Zweifel?", „Wie stellst du dir Gott vor?" oder „Gehst du auch mal abends aus?" - 100 Fragen, 100 Antworten! Pater Nikodemus Schnabel antwortet ehrlich und direkt. Kein theologisches Werk, trotzdem besticht es durch die Fülle an Fragen und die offene Direktheit.

einfach leben thema: „Kraftort Kloster"; Verlag Herder, August 2022

Unterschiedliche Perspektiven beleuchten, wieso Klöster als Kraftort und/oder Lebensraum an Aktualität nie verlieren. Das Kloster als Lebensort wird genauso betrachtet wie das Kloster als Ort der Spiritualität und als Erholungsort für Menschen, die nur temporär von seiner besonderen Ausstrahlung profitieren. Worin liegt die Faszination und woher rührt die Kraft, die Klöster auch in unserer Gegenwart ausstrahlen?

Petra Altmann: „Die 101 wichtigsten Fragen zu Orden und Klosterleben"; C. H. Beck 2011.
„Gibt es im Kloster heute noch die Balance zwischen Arbeit und Gebet?" Diese und 100 weitere Fragen erklärt Petra Altmann in aller Kürze. Ein sachlicher Rundumblick für die neugierige Leserschaft.

Petra Altmann: „Starke Frauen aus dem Kloster. Ordensschwestern im Porträt"; Präsenz 2011.
Portraits von zehn Ordensfrauen, die die Leserschaft an ihrem Lebensweg teilnehmen lassen.

Anselm Grün: „Abschiede – Aufbruch in neue Welten. Vom Mut loszulassen und der Kraft weiterzugehen."; Verlag Herder 2022.
„Abschiednehmen kann schmerzhaft sein und sehr weh tun. Aber es kann auch Aufbruch zu neuer Lebendigkeit, ein Tor zu größerer Freiheit werden." Anselm Grün beschreibt den Wert des Loslassens und des Wissens um die Endlichkeit. „Abschied birgt letztlich ein Geheimnis in sich. Indem wir den Abschied bedenken, werden wir hineingeführt in das Geheimnis unseres Lebens."

Andreas Redtenbacher/Joachim Schmiedl (Hgg.): „Wind of Change. Orden am Beginn des dritten Jahrtausends. Theologie im Dialog."; Verlag Herder 2016.
Beiträge des Symposiums „Wind of Change. Orden im 3. Jahrtausend – Reflexion und Erfahrung 50 Jahre nach dem Konzil" sind in diesem Band versammelt. Ordensfrauen und Ordensmänner beleuchten große Themen, die die gesamte Ordenslandschaft betreffen. Theologie im Dialog.

Bernhard A. Eckerstorfer: „Mönchtum der Zukunft. Interviews zum Ordensleben."; EOS Verlag 2020.

Der Benediktinermönch vom Stift Kremsmünster und Rektor der benediktinischen Ordenshochschule Sant'Anselmo führte mehr als zehn Jahre lang Gespräche mit verschiedensten Ordensleuten. Wie kann Ordensleben in der Gegenwart gelingen, wo sind seine Wurzeln, wodurch provoziert es? Diesen und weiteren aktuellen Fragestellungen gehen die zahlreichen Interviews nach – mit Gesprächspartner*innen verschiedenster Couleur.

Felicitas von Aretin: „Starke Schwestern. Klosterreisen - Inspiration für ein anderes Leben."; Verlag Herder 2022.

Die Autorin besucht 21 Frauen in buddhistischen, evangelischen, katholischen und orthodoxen Frauenklöstern, die es schaffen, Spiritualität, Gemeinschaft und Zeit für das Wesentliche zu vereinbaren und danach zu leben. Wie können wir Resilienz, Meditation und Achtsamkeit für unseren Alltag sinnvoll nutzen? Vielleicht findet sich die Antwort in jahrhundertealten Klostertraditionen, die aufzeigen, wie wir nachhaltiger und entspannter leben können.

Unser Schlusswort

Meinst du mich, Gott? – Ja. Wir dürfen darauf vertrauen, das zu glauben. Wenn wir auf den Beweis, auf ein „Wissen" warten, besteht die Gefahr, dass wir die Macht des „Glaubens" unterschätzen. Wenn ich glaube, dass der Weg, der mir bevorstehen könnte, meiner ist, kann mir das genug Mut geben, den ersten Schritt zu gehen. Dann kann ich einsteigen und die Fahrt mit dem Schiff wagen. Auch wenn das Ziel noch ungewiss ist. Wenn ich daran denke, dass ich die Frage „Meinst du mich, Gott?" mit „Ja" beantworten kann, trage ich nämlich zugleich das Vertrauen in mir, dass ich nicht allein bin und dass ich schwimmen könnte, sollte ich aus dem Schiff aussteigen wollen. Meine Reise geht also sicher weiter, egal wo sie endet.

Ist das Leben in einem Kloster, in einer klösterlichen Gemeinschaft für mich die richtige Wahl? Die Frage muss ich selber beantworten. Vielleicht darf die Frage auch umformuliert werden: Welches Leben ist das richtige für mich, wenn nicht in einer Gemeinschaft unter Gleichgesinnten? Sei es im Kloster oder in anderen Organisationen oder Lebensformen: Mein Engagement ist gefragt. Meine Antwort ist gefragt.

Ein Leben für Gott, für die Gemeinschaft, für den Glauben kann fordernd und anstrengend sein. Die Entscheidung dafür bedeutet nicht, dauerhaft ohne Zweifel zu leben. Ähnlich wie in einer Ehe gibt es die guten und die schlechten Tage. Auf der anderen Seite verspricht ein Leben in einer klösterlichen Gemeinschaft Erfüllung und Freude. Mit dem eigenen Leben auf Gottes Ruf zu antworten, kann großes Glück und tiefe Zufriedenheit bedeuten. Im Kloster und anderswo.

Wir haben versucht, die Frage nach der Sinnhaftigkeit des eigenen Lebens zu beantworten. Was gibt meinem Leben Sinn? So unterschiedlich die Menschen sind, so verschieden sind hier die Antworten. Wer bin ich und wie kann ich herausfinden, worin der Sinn meines Lebens liegt?

Die Freundschaft mit Jesus und Taufe als Fundament zeigt auf, dass die Beziehung zu Jesus zentral ist – und nicht zusammenhängt mit der teilweise berechtigten Kritik an der Kirche. Jesus hat uns in seinem Menschsein den Weg gewiesen. Wir dürfen ihm heute noch folgen. Hier ermutigen die Worte von Pater Philipp und Pater Thomas dazu, sich kritischen Fragen „von außen" zu stellen und diese in die Selbstreflexion einfließen zu lassen. Worum geht es beim Ordensleben eigentlich? Im Zentrum steht die Freundschaft mit Jesus. Seine Botschaft, sein Leben als Vorbild, wie die persönliche Lebenszeit gefüllt werden kann. Dabei handelt es sich um weit mehr als „ein unpersönliches, gedankenloses Hinter-Jesus-Hertrotten" (Himmelstürmer, S. 56). Nachfolge ist Beziehung, ist Freundschaft, die gepflegt werden muss.

Die nähere Betrachtung der Taufe zeigt noch einmal auf: Taufe ist mehr als ein bloßer symbolischer Akt. Es vereint die Christinnen und Christen in der Nachfolge Jesus und verbindet „zum einen Leib Christi" (Himmelsstürmer, S. 58). Der kurze historische Abriss macht nochmal deutlich, nicht allein die Zahl ist entscheidend. Das Ziel ist nicht, möglichst viele Menschen getauft zu sehen. Menschen mit Überzeugung und Glauben lassen das Christentum aufleben. Dabei ist jeder einzelne Mensch wertvoll und entscheidend. Ein Gedanke, der sich weiterführen lässt. Entscheidend ist nicht die Anzahl der Neueintritte in eine Gemeinschaft, ist nicht die Zahl der Glaubensgemeinschaften an sich, sondern entscheidend sind diejenigen, die voller innerer Überzeugung den Glauben und das Versprechen der Taufe leben. Es zählt der einzelne Mensch mehr als eine große beeindruckende Zahl.

Wenn wir gedanklich weiterreisen, führt uns das vorliegende Buch zum konkreten Ordensleben. Was fasziniert mich, was hält mich (noch) ab? Welche Punkte empfinden wir als Verzicht? Wo lohnt es sich, zu verzichten, um so mehr zu erhalten? Der Blick über die Ordenslandschaft soll nicht katalogisierend aufzählend sein. Bewusst werden die großen Richtungen erläutert und nicht jede Gemeinschaft im Einzelnen aufgelistet. Welches Schiff könnte das passende für mich sein? Mit wem möchte ich meine Reise antreten? Die ehrlichen Einblicke von Frauen, die den Schritt bereits gewagt haben – oder noch dabei sind, einzusteigen in ein „Glaubensschiff" – zeigen: Der Weg ist individuell. Die Suche nach Antworten auch.

Im hinteren Drittel von „Meinst du mich, Gott?" werden wir bewusst konkreter! Was heißt es nun also, in einer Ordensgemeinschaft zu leben? Was bedeutet das im Alltag? FAQ jeglicher Couleur bringen Antworten. Vielleicht hast du dich auch schon einmal dasselbe gefragt … ?

Fünf Impulse haben dich während der Lektüre begleitet. Welcher hat dich am meisten angesprochen? Mancher Impuls liest sich beim zweiten Mal anders. Wir laden dich ein, noch einmal zurückzublättern! Vielleicht entdeckst du jetzt einen neuen Aspekt, eine tiefere Note. Vielleicht findest du dich gedanklich wieder am Anfang, bei der Frage „Meinst du mich, Gott?". Vielleicht bist du der Antwort einen Schritt nähergekommen. Wir haben – wie in der Einleitung beschrieben – dazu aufgerufen, eine Entscheidung zu treffen. Und wir erwähnten: „Letzten Endes steht nicht im Mittelpunkt, ob man respektive frau sich für ein Leben im Kloster entschieden hat, sondern, ob es die richtige persönliche Entscheidung war. Erfüllung findet nur, wer sein Leben selbstbestimmt und selbstbewusst führen kann. Auferlegte Entscheidungen behindern ein Leben der inneren Freiheit." Hin und wieder braucht es einen mutigen Schritt in die richtige Richtung, wenn man bzw. frau überhaupt im Leben weiterkommen möchte. In welche Richtung der Schritt geht, entscheidest letztendlich … Du.

DANK

Allen voran danken wir unserer Mitarbeiterin Daniela Scherrer. Ihr Engagement für dieses Buch war großartig. Sie hat alle Texte kritisch durchleuchtet, das Kapitel 6 mit den Porträts gestaltet, das Schlusswort geschrieben, den Kontakt mit dem Verlag gepflegt und uns viele wertvolle, tiefsinnige Rückmeldungen gegeben.

Wir danken Pater Thomas Fässler und Pater Philipp Steiner, welche uns durch ihren Berufungsguide für Männer, „Himmelsstürmer", zum Kreieren dieses Buches anregten und dazu ein Vorwort schrieben. Herzlichen Dank auch, dass wir das Kapitel 3 und die Meditationen in Kapitel 9.1 vollumfänglich übernehmen durften.

Ein großer Dank geht an Sabine Rüthemann, welche durch ihr Vorwort die „weibliche" Seite überaus pointiert einbrachte.

Wir danken vielmals den acht Frauen, die uns in Kapitel 6 in großer Offenheit an ihrem Weg teilhaben lassen.

Wir bedanken uns bei Frau Dr. Johanna Oehler vom Verlag Herder, welche mit Rat und Tat die Entstehung dieses Buches begleitete und immer geduldig bereit war, unsere Fragen zu beantworten.

Den Teilnehmerinnen und Teilnehmern unserer „Auszeit für junge Menschen", danken wir für ihre Offenheit und ihre Fragen. Wir erhielten viele bereichernde Einblicke in die heutige Lebenswelt junger Erwachsener.

Wir freuen uns und sind dankbar, dass die ganze Klostergemeinschaft das Engagement für junge Menschen stets unterstützt und mitträgt – und auch dieses Buchprojekt wohlwollend begleitete. Nur in einer Gemeinschaft, in der alle füreinander einstehen, ist dies möglich.

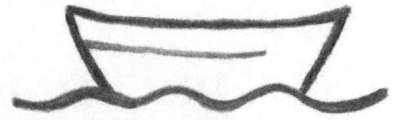

Der Weg geht weiter ...

Liebe Leserin, lieber Leser

Du bist herzlich zum Dialog eingeladen! Wir freuen uns auf dein Feedback zu den verschiedenen Themen dieses Buches.

Hast du Fragen an uns? Bei den FAQ's haben wir in diesem Buch bereits 77 Fragen zum Klosterleben beantwortet – doch es gibt sicherlich noch viele andere. Schreibe sie uns: info@klostermariazell.ch

Auf der Website www.meinstdumichgott.org findest du weitere Impulse und Einblicke, die dich auf deinem persönlichen Weg begleiten können.

Faszination Kloster: Welche Gemeinschaft passt zu mir?

208 Seiten
Gebunden mit Schutzumschlag
ISBN 978-3-451-39069-2

Wie finde ich meinen Weg im Leben? Diese und andere Fragen
kennen alle jungen Menschen. Pater Thomas und Pater Philipp aus
dem Kloster Einsiedeln geben jungen Männern Orientierung, die
eine Berufung zum Ordensleben prüfen. Was gibt mir Sicherheit,
auf dem richtigen Weg zu sein? Die beiden Autoren erzählen von
ihrem Berufungsweg, weitere Ordensleute bringen die Perspektive
ihrer Gemeinschaft ein.

In jeder Buchhandlung!

HERDER
www.herder.de